Königs Erläuterungen und Materialien
Band 421

Erläuterungen zu

Heinrich von Kleist

Michael Kohlhaas

von Ingeborg Scholz

Bange Verlag

Über die Autorin dieser Erläuterung:

Dr. Ingeborg Scholz, Studium der Germanistik, Romanistik und Anglistik an den Universitäten Bonn, Breslau, Tübingen und Münster. Promotion an der Universität Münster. Bis 1975 im Höheren Schuldienst in Recklinghausen, Hamburg, Siegburg. Ab 1979 Veröffentlichungen bei den Verlagen Bange, Beyer und in den Zeitschriften *Universitas* und *literatur für leser*: u. a. über Schiller, Tieck, Eichendorff, Heine, Kleist, Kafka, Benn, Bachmann und Heinrich Mann.

5. Auflage 2008
ISBN 978-3-8044-1803-5

Titelabbildung: Heinrich von Kleist
Druck und Weiterverarbeitung: Tiskárna Akcent, Vimperk

Vorwort

Am Anfang des 19. Jahrhunderts steht die rätselhafte Gestalt Kleists, ebenso entfernt von klassischem Maß wie von romantischer Grenzenlosigkeit, wenn auch an beiden literarischen Strömungen teilhabend und von ihnen beeinflusst. Ein Blick auf seinen Lebensweg zeigt ihn als Einzelgänger, so wenig in die eine wie in die andere Zeit- und Denkrichtung einzuordnen.
Die Betrachtung des Phänomens Kleist lässt erkennen, dass die Wirkung seiner Dichtung zu seinen Lebzeiten im großen Ganzen gering war und erst vom 20. Jahrhundert an bis in unsere Gegenwart hinein einen bemerkenswerten Aufschwung erfuhr. Seit dieser Zeit hat Kleist nicht aufgehört, die Menschen mit seinen Werken zu faszinieren, ganz gleich, ob es sich um Literaturwissenschaftler, Dramaturgen, Regisseure oder einfach Leser oder Theaterbesucher handelt. Zugleich kann auch der Literaturkanon des Gymnasiums kaum auf ihn verzichten, sei es im Hinblick auf seine Dramen oder vor allem auf seine Anekdoten und Erzählungen.
Die Frage stellt sich: Was ist es nun eigentlich, was uns Heutige an seinem dichterischen Werk so fasziniert? Ist es seine Zwischenstellung zwischen Klassik und Moderne oder schlechthin seine „Modernität", weshalb Züge des „Modernen" und „Zukunftsweisenden" in seinem Werk gerade in der neuesten literarischen Forschung deutlicher registriert werden?[1]
Wenn wir es nun unternehmen, junge Leser unserer Zeit mit Kleist und seinem Werk – hier mit seiner wohl berühmtesten Erzählung *Michael Kohlhaas*[2], deren Hauptgestalt geradezu zu

1 Vgl. Silvio Vietta: *Die literarische Moderne. Eine problemgeschichtliche Darstellung der deutschsprachigen Literatur von Hölderlin bis Thomas Bernhard.* Metzler 1992, S. 12 f. u. a.

2 Zitate aus *Michael Kohlhaas* sind der leicht zugänglichen Reclam-Ausgabe entnommen. – Heinrich von Kleist: *Michael Kohlhaas.* Stuttgart: Reclam, 2002 (= UB 218).

einem „Mythos" geworden ist – bekannt zu machen, so mag gerade dieser Dichter über die klassische Ferne hinaus vielleicht mehr Anteilnahme und Interesse finden als andere Autoren der klassischen Zeit. Im Falle Kleists handelt es sich um ein dichterisches Werk, das sich uns noch immer „mit gewaltiger Gegenwart aufdrängt", wie Goethe, wiewohl ohne Neigung für diesen Autor, dennoch von ihm hat sagen müssen – womit die Frage: „Warum Kleist heute?" hinreichend beantwortet ist.

Wir sehen in dieser Arbeit unsere Aufgabe darin, über die Klärung des Sachverhalts und die zeitgeschichtliche Einordnung hinaus die dichterische Konzeption Kleists in dieser Erzählung vorrangig ins Auge zu fassen.

1. Heinrich von Kleist: Leben und Werk

1.1 Biografie

Jahr	Ort	Ereignis	Alter
1777	Frankf./Od.	Geburt Heinrich von Kleists am 18. 10. als Sohn des preußischen Offiziers Joachim Friedrich von Kleist und seiner zweiten Frau Juliane Ulrike von Pannwitz.	
1788		Tod des Vaters.	11
	Berlin	Kleist wird zur Erziehung zu dem Prediger Cartel nach Berlin geschickt.	
1792	Potsdam	Eintritt in das Garderegiment in Potsdam.	15
1795	Potsdam	Nach Teilnahme am Rheinfeldzug gegen die französischen Revolutionsheere (1793–95); Rückkehr nach Potsdam als Fähnrich.	18
1797		Beförderung zum Leutnant.	20
1799	Frankf./Od.	Auf eigenen Wunsch Abschied vom Militärdienst. Immatrikulation an der Universität seiner Heimat (Mathematik, Physik, Kulturgeschichte, Latein).	22

Jahr	Ort	Ereignis	Alter
1800/1	Berlin	Verlobung mit Wilhelmine von Zenge. Nach Würzburger Reise mit seinem Freund Brockes Rückkehr nach Berlin; frühe dichterische Pläne. Rousseau- und Kantlektüre. 1801 die so genannte Kantkrise: Zweifel Kleists an jeder möglichen objektiven Erkenntnis, hervorgerufen durch die Lektüre Kants, und damit Aufgabe aller wissenschaftlichen Pläne als Zugang zur absoluten Wahrheit.	23/24
1802	Schweiz	Plan eines idyllischen Landlebens; Lösung seiner Verlobung. Arbeit an der *Familie Ghonorez* (als *Familie Schroffenstein* 1803 erschienen). Beginn der Arbeit am *Robert Guiskard* (Okt. 1803 Vernichtung des Manuskripts, das nur als Fragment erhalten ist).	25
	Weimar	Nach längerer Krankheit Reise nach Weimar und Jena.	
1803	Oßmannstedt	Aufenthalt auf dem Gut Wielands. Weitere Arbeit am *Robert Guiskard*, am *Amphitryon* und am *Zerbrochnen Krug*. Vernichtung des *Guiskard*-Manuskripts. Zusammenbruch, Selbstmordpläne.	26

Jahr	Ort	Ereignis	Alter
1804	Graz	Aufführung der *Familie Schroffenstein*. Bewerbung Kleists um Anstellung im preußischen Zivildienst.	27
1805	Königsberg	Seit Anfang Mai: Anstellung als Diätar der Domänenkammer. **Beginn der Arbeit am *Michael Kohlhaas*.**	28
1806		Weitere Arbeit am *Zerbrochnen Krug*. Im Sommer Beginn der Arbeit an der *Penthesilea*. Endgültiger Austritt aus dem Staatsdienst. Zeitgeschichtlicher Hintergrund: 14. 10. Sieg Napoleons bei Jena und militärischer Zusammenbruch Preußens.	29
1807	Frankreich	Verhaftung als angeblicher Spion und von März bis Juli in französischer Gefangenschaft.	30
	Dresden	Nach Entlassung: Leben in Dresden als freier Schriftsteller. *Amphitryon* erscheint, *Penthesilea* abgeschlossen.	
1808	Dresden	Gemeinsam mit Adam Müller Herausgabe der Zeitschrift „Phöbus": darin **Abdruck von Teilen des *Michael Kohlhaas***, der *Penthesilea*, der *Marquise von O...* und des *Zerbrochnen Krugs* sowie Abdruck des Fragmentes *Robert Giuskard*.	31

Jahr	Ort	Ereignis	Alter
	Weimar	Abschluss des nationalen Dramas *Die Hermannsschlacht*. Misslungene Aufführung des *Zerbrochnen Krugs* durch Goethe in Weimar.	
1809	Dresden	Politische Lyrik. Arbeit am *Prinz Friedrich von Homburg*.	32
1810	Wien	Uraufführung des *Käthchen von Heilbronn*.	33
	Berlin	**Erscheinen des *Michael Kohlhaas*** im ersten Band der *Erzählungen* bei Reimer (darin weiter enthalten: *Die Marquise von O...* und *Das Erdbeben in Chili*).	
1811	Berlin	Buchausgabe des *Zerbrochnen Krugs* in überarbeiteter Fassung. Zweiter Band der *Erzählungen* erscheint. Abschluss des *Prinz von Homburg*. Vergeblicher Versuch, wieder in den preußischen Zivildienst aufgenommen zu werden.	34
	Wannsee b. Berlin	Freitod am 21. November zusammen mit Henriette Vogel.	

1.2 Zeitgeschichtlicher Hintergrund

Nach dem Sieg über Preußen bei Jena und Auerstedt war Napoleon 1806 als Triumphator in Berlin eingezogen. Kleist, von einem glühenden Hass gegen Napoleon erfüllt, war von der nationalen Not seines Vaterlandes, von den harten Bedingungen des Tilsiter Friedens (1807) und von den Repressalien des Aggressors so erschüttert, dass er seine dichterischen Arbeiten in den Dienst national-politischer Ideen stellte. Im Jahre 1808 beendete er sein Drama *Die Hermannsschlacht*, das den Cheruskerfürsten Hermann und die germanischen Stämme in dem Befreiungskampf gegen die Römer darstellt. Unter dem Deckmantel der Historie wird hier auf die aktuelle Situation Deutschlands zur Zeit der Napoleonischen Kriege als eine Art Modellfall hingewiesen, um so die Deutschen zur Nachahmung zu bewegen. In dieser Zeit entstanden auch Kleists politische Gedichte mit anti-napoleonischer Tendenz („Katechismus der Deutschen"); zugleich plante er die Herausgabe einer politischen Zeitschrift „Germania".

Zeit der Napoleonischen Kriege

Zu diesen nationalen Erschütterungen und dem politischen Druck unter der französischen Besatzung kamen existenzielle und innenpolische Probleme: Kleists ideologische Position, seine stetig sich steigernden Schwierigkeiten mit der Gesellschaft und seiner dichterischen Thematik stehen in engem Zusammenhang mit dem Niedergang Preußens. Die ökonomischen, sozialen, politischen und geistigen Faktoren, die Preußens Katastrophe von 1806 und nahezu gleichzeitig die Stein'sche Reformbewegung begleiten, weisen durchweg auf die epochale Krise der Zeit im Übergang vom Feudalismus zum Kapitalismus hin. Dieser gesellschaftliche Verände-

Übergang vom Feudalismus zum Kapitalismus

rungsprozess, der in der Französischen Revolution in Europa seinen Höhepunkt erreichte, trug zweifellos dazu bei, Leben und Werk Kleists, seine künstlerische, wissenschaftliche und existenzielle Entwicklung zu beeinflussen. Bei der Gründung seiner „Berliner Abendblätter" - einer Zeitschrift, die angelegt war, im Hinblick auf die Forderung nach Gedankenfreiheit Einfluss auf die innenpolitische Situation des Landes zu gewinnen - sah er sich durch Zensurkonflikte gehindert. Es war nahe liegend, dass die Absicht, der Staatsraison eine öffentliche Meinung entgegenzuhalten, mit der sie sich hätte auseinander setzen sollen, der preußischen Obrigkeit nicht genehm sein konnte. So wurde die Zeitschrift von der Zensur ausgeschaltet. Zwar erschien sie noch bis Ende März 1811; doch schon Mitte Januar war durch Eingriffe der preußischen Zensur ihr endgültiger Untergang besiegelt.

1.3 Angaben und Erläuterungen zu wesentlichen Werken

Die Thematik von Recht und Kriminalität spielt eine entscheidende Rolle in Kleists Dichtung. Recht und Kriminalität sind juristische Themen, die zu allen Zeiten auch Eingang in die Literatur gefunden haben. Das trägt dazu bei, dass das Rechtsdenken individuelle Züge bekommt und etwas von seiner Abstraktheit verliert. Nicht nur das 19. Jahrhundert bietet Beispiele dafür – Schiller, E.T.A. Hoffmann und Fontane sind hier neben Kleist zu nennen. In der Moderne ist es vor allem Kafka, in dessen Romanen die Prinzipien juristischer Inquisition aufgegriffen werden.

Recht und Kriminalität

Kleist folgt in drei gattungsmäßig unterschiedlichen Stücken seines relativ schmalen Werkes – wenn auch von unterschiedlichen Aspekten aus – der Neigung, Fragen des Rechts in seiner Dichtung zu gestalten: in der Gerichtskomödie *Der zerbrochne Krug*, in der das Motiv von dem als Richter fungierenden Übeltäter in burlesker Weise abgehandelt wird; im *Prinz Friedrich von Homburg*, in dem es um Recht und Verständigung unter Gleichen geht; schließlich die Erzählung *Michael Kohlhaas*, in der die positiven Anliegen eines normalen Bürgers („das Muster eines guten Staatsbürgers") in der korrupten Rechtswelt in ihr Gegenteil umschlagen.

Eine weitere Thematik, die in Kleists Werk eine bedeutsame Rolle spielt, ist das „Doppelgängermotiv", wie es in seinem Schauspiel *Amphitryon* erstmals in Erscheinung tritt. Es beherrscht die Thematik dieses Stückes nicht nur im Hinblick auf die Titelfigur, sondern auch auf die Dienerfigur des Sosias, bei der es im komischen Bereich parallel abgehandelt wird und so Aspekte des Komischen und Tragischen in der bei Kleist häufig auftretenden Manier miteinander verbindet.

Doppelgängermotiv

Wir finden das „Doppelgängermotiv" auch noch – zumindest in Anklängen – in Kleists Schauspiel *Das Käthchen von Heilbronn.* Dort zeigt es sich mehr im Sinn einer mangelnden Vertrautheit mit sich selbst, wie es sich in Wetter v. Strahls Worten ausdrückt, die er nach der Fiebernacht ausspricht:

> „Nun steht mir bei, ihr Götter: ich bin doppelt!
> Ein Geist bin ich und wandre in der Nacht!"[3]

Der tragische Höhepunkt von Kleists dramatischem Schaffen ist sein Versuch, mit dem Stoff vom Tod des Normannen Robert Guiskard ein Werk zu schaffen, mit dem er – nach seinen verbürgten Worten – „Goethe den Kranz von der Stirne reißen"[4] wollte. Nach verzweifelten Versuchen, deren Scheitern ihn auf ein langes Krankenlager warf, vernichtete er die bereits vorhandenen Szenen, von denen er einige später aus dem Gedächtnis wiederherstellte. So blieb das Stück Fragment und ist uns in dieser Form erhalten. 1804 schrieb Wieland, dem Kleist seinerzeit Szenen aus seiner Arbeit vorgelesen hatte, in einem Brief an Georg Wedekind seine große Würdigung:

> *„Wenn die Geister des Äschylus, Sophokles und Shakespeare sich vereinigten, eine Tragödie zu schaffen, sie würde das sein, was Kleists Tod des Guiskard, des Normannen, sofern es dem entspräche, was er mich damals hören ließ. Von diesem Augenblick an war es bei mir entschieden, Kleist sei dazu geboren, die große Lücke unserer dramatischen Literatur auszufüllen, die selbst von Schiller und Goethe noch nicht ganz ausgefüllt ist."*[5]

---

3 H. v. Kleist: *Sämtliche Werke und Briefe.* Hrsg. von Helmut Sembdner. München [6]1977 Bd. 1, S. 509.

4 Zitiert nach Sembdner (Hrsg.), *Lebensspuren,* S. 203

5 Wieland (10. 4. 1804). Zit. in: *Schriftsteller über Kleist,* S. 31.

Das dritte Werk nach Kleists *Guiskard*-Zusammenbruch war wieder eine Tragödie, die *Penthesilea*. Kleist schreibt darüber an Marie von Kleist: „Ich habe die *Penthesilea* geendigt, von der ich Ihnen damals, als ich den Gedanken fasste, wenn Sie sich noch dessen erinnern, einen so begeisterten Brief schrieb. Sie hat ihn wirklich aufgegessen, den Achill, vor Liebe."[6] Wir erkennen aus diesen Worten, dass das Motiv – der Mord aus Liebe – von Anfang an in Kleists Konzeption enthalten war. In radikaler Konsequenz ist hier das Paradoxon von Liebe und Zerstörung gestaltet, das Goethe zu seiner intensiven Ablehnung trieb. Beherrschend steht hinter dem Geschehen des Dramas die tragische Erfahrung vom Misslingen der Kommunikation zwischen den Menschen – ein eminent Kleist'sches Thema, dem er in Leben und Werk seine wiederholte Forderung des absoluten Vertrauens entgegengesetzt hat.

Paradoxon von Liebe und Zerstörung

6 H. v. Kleist: *Sämtliche Werke und Briefe*. Hrsg. von Helmut Sembdner. München [6]1977. Bd. 2, S. 187.

2. Textanalyse und -interpretation

2.1 Entstehung und Quellen

im Winter 1805/06 entstanden

Die Novelle *Michael Kohlhaas* ist im Winter 1805/06 entstanden, in jener verhältnismäßig ruhigen Periode im Leben des Dichters, als er als Diätar bei der Domänenkammer in Königsberg tätig war. Vollendet wurde das Werk für die Buchausgabe der *Erzählungen*, die der Berliner Verleger Reimer 1810 veröffentlichte. Schon zwei Jahre vorher hatte Kleist in seiner Dresdener Zeitschrift „Phöbus" einen Teil der Novelle abgedruckt, und zwar im Juniheft 1808. Die spätere Buchausgabe weicht in wesentlichen Zügen von diesem Fragment ab, was aber nicht besagt, dass es die ursprüngliche Fassung gewesen wäre. Da die Zeitschrift „Phöbus" in Sachsen erschien, war Kleist gezwungen, jene Teile, die für das sächsische Herrscherhaus nicht gerade schmeichelhaft waren, zu verschleiern. So verlegte der Dichter für diesen Dresdener Druck die ganze Handlung nach Brandenburg. Für die Berliner Buchausgabe, bei der diese Rücksichten entfielen, stellte er dann den ursprünglichen Schauplatz wieder her.
Es ist nicht zu leugnen, dass das Bild des Kurfürsten von Sachsen (des späteren Königs von Sachsen) in den schwärzesten Farben gemalt wurde. Kleist hasste ihn wegen seiner schwankenden Politik gegenüber Napoleon, dem er sich 1806 angeschlossen hatte. Zu diesem Hass gab es vor 1806 aber noch keinen Grund. Friedrich August war wegen seiner Gerechtigkeit und seiner auf das Wohl des Volkes gerichteten Wirtschaftspolitik ein allgemein geachteter Monarch. In der Außenpolitik folgte er bis 1806 den preußischen Richtlinien.

Noch 1806 haben bei Saalfeld sächsische Verbündete mit Preußen gekämpft. Erst die Enttäuschung über die hier zu Tage tretende Schwäche Preußens und die Unsicherheit Österreichs veranlassten ihn, sich nach der Niederlage Napoleon zuzuwenden und sich dem Rheinbund anzuschließen.
Als Kleist 1805 in Königsberg den *Kohlhaas* begann, gab es noch keinen Grund für ihn, den sächsischen Herrscher seiner Politik wegen zu hassen. Nach 1806 war das grundlegend anders. So kann man annehmen, dass weder die Ausgabe des „Phöbus" noch der Abdruck im ersten Bande der *Erzählungen* von 1810 die erste Konzeption der Kleist'schen Novelle genau wiedergeben.

Von Tieck wissen wir, dass Kleists Freund Pfuel ihm gegenüber im Gespräch erwähnte, er habe den Dichter auf die Geschichte des historischen Kohlhase hingewiesen – allerdings mit der Absicht, sie als Dramenstoff zu empfehlen. Kleist griff den Stoff zwar auf, machte aber eine Novelle daraus. Dabei bezieht er sich auf einen Bericht, der von Christian Schöttgen und George Christoph Kreysig im Jahre 1731 veröffentlicht worden war. Diese *Diplomatische und curieuse Nachlese der Historie von Ober-Sachsen und angrentzenden Ländern* der oben genannten Autoren war Kleists direkte Quelle; sie wiederum geht auf die „Nachricht von Hans Kohlhasen" aus dem *Microchronologicum* (ab 1595) des Peter Hafftiz zurück. Der Text der Chronik wurde 1862 in Riedels *Codex diplomaticus Brandenburgiensis*, 4. Hauptteil, bei G. Reimer in Berlin veröffentlicht, so dass ein genauer Vergleich zwischen Quelle und Novelle möglich ist. Die gedruckte Chronik bringt aber nur die Nachricht von der Hinrichtung des Hans Kohlhase am Montag nach Palmarum des Jahres 1540. Das Weite-

Microchronologicum des Peter Hafftiz

re der Vorgeschichte, die zu diesem Ende des einst so ehrbaren und rechtschaffenen Mannes führte, findet sich in den Erweiterungen der Hafftiz'schen Chronik, die wahrscheinlich nicht mehr gedruckt wurden. Jedenfalls kennen wir davon nur eine Handschrift des Peter Hafftiz, die in der Universitätsbibliothek Breslau aufbewahrt wurde und Kleist oder seinem Freund wohl kaum zugänglich gewesen ist. Die interessante Geschichte des Kohlhase war Kleist aber in einer stark verkürzten Fassung in einem jüngeren Druck zugänglich: Im Jahre 1731 war diese in Schöttgens und Kreysigs *Diplomatischer und curieuser Nachlese der Historie von Ober-Sachsen und angrentzenden Ländern*, einem Werk, das auch zur Zeit Kleists noch als ein zwar bereits altertümliches, aber wegen des Fehlens neuer Veröffentlichungen noch immer unentbehrliches Geschichtsbuch galt, erschienen.

Was Pfuel oder Kleist an Vorlagen im Einzelnen zugänglich war, lässt sich nicht sagen, da verbindliche Äußerungen darüber völlig fehlen. Aber Kleist muss mit ihnen recht vertraut gewesen sein, denn er hält sich in vielen Einzelheiten zu genau an die Quelle Schöttgen/Kreysig, in der die „Nachricht von Hans Kohlhasen" aus der Chronik von Hafftiz abgedruckt ist, als dass solche Übereinstimmungen zufällig sein könnten, wenn er auch, wie in allen seinen Werken, die Chronik nur als den Rohstoff nimmt, aus dem er Menschen und Handlungen nach seiner Idee formt, um sie seiner Absicht dienstbar zu machen.

Dieser geschichtliche Kohlhase war nach Hafftiz ein ansehnlicher Bürgersmann zu Cölln an der Spree, ein ehrbarer Handelsmann, der besonders mit Vieh handelte. Als er am 1. 10. 1532 schöne Pferde nach Sachsen einführte, erregte er in der Schänke durch seine Eile Aufsehen. Es fiel einigen

Bauern auf, dass er nachts weiterreisen wollte, was damals ein Wagnis war. Sie hielten ihn für einen Rossdieb, und als er aufsaß, um fortzureiten, fielen sie ihm in die Zügel und verlangten von ihm, er solle ihnen über „woher?" und „wohin?" Bescheid geben. Als Hans Kohlhase dies grob verweigerte, vom Pferd sprang und die Bauern mit dem Messer bedrohte, belegten sie unter Berufung auf einen Befehl ihres Gutsherrn Junker von Zaschwitz die Pferde mit Beschlag. Hafftiz stellt den Vorgang etwas friedlicher dar als die von dem Weimarer Archivar Burkhardt 1864 veröffentlichten Aktenauszüge. Nach ihm einigte sich Kohlhase mit den Bauern, dass er die Pferde im Gericht des Gutsherrn unterstellen wolle, bis er genügsam Beweis erbracht habe, dass sie sein Eigentum seien. Er sei sogar bereit gewesen, dem Edelmann alle Kosten, die ihm für die Unterstellung und Fütterung der Tiere entstünden, zu ersetzen; und wenn er sein Eigentumsrecht nicht beweisen könne, wolle er der Pferde verlustig sein. Als Kohlhase seine Geschäfte auf der Michaelismesse in Leipzig abgewickelt hatte, kehrte er mit ausreichenden Unterlagen und einem Empfehlungsschreiben eines Leipziger Geschäftsfreundes an den Landvogt von Wellaune, wo seine Pferde festgehalten worden waren, zurück. Der Junker von Zaschwitz wies den Landvogt an, Kohlhase die Pferde wieder zuzustellen gegen Erstattung des Futtergeldes in Höhe von 5 bis 6 Groschen. Diese für damalige Verhältnisse ungeheuerlich hohe Forderung empörte Kohlhase um so mehr, als er feststellen musste, dass die Pferde widerrechtlich vom Junker für die Feldarbeit gebraucht und in schändlicher Weise traktiert worden waren. Fluchend ritt er ohne die Pferde davon. Da auch seine Geschäfte schlecht gingen, warf er allen Hass auf den Junker, den er für sein ganzes Unglück verantwortlich machte. Tatsächlich begann die Reihe der Fehlschläge mit seinem

verspäteten Eintreffen in Leipzig. Kohlhase rief die Vermittlung seines Landesherrn an, der auf den 13. Mai 1533 einen Gerichtstag vermittelte, auf dem Kohlhase den Junker auf „Zurücknahme der Beschuldigung, die Pferde seien gestohlen, Erstattung des doppelten Wertes derselben und 150 Gulden für den durch verspätetes Kommen in Leipzig erlittenen Schaden" verklagte. Die Chronik vereinfacht hier erheblich: „Kohlhase hat ... die Pferde nicht wieder annehmen, sondern bezahlt haben wollen, und weil es der Edelmann nicht hat thun wollen und Kohlhasen, ungeachtet dass er's beym Churfürsten zu Sachsen ordentlicher Weise gesucht, zu seinem Rechte nicht hat mögen verholfen werden, hat er dem Churfürsten zu Sachsen entsagt und darauf hart für die Zahne einen reichen seiden Krämer von Wittenberg, Georg Reich genannt, beraubt, seiner Frauen die Ringe vom Finger gezogen, was er bey sich gehabt genommen, ihn weggeführt und etliche Wochen an einem Orte, dahin niemand gekommen, auf einen beschlossenen Werder ... gefänglich gehalten."
Der Chronist berichtet dann umständlich weiter, dass Kohlhase sich mit dem Kurfürsten auf einen neuen Gerichtstag zu Jüterbog einigte, dass es aber auch dort keine Einigung gab. Kohlhase „entsagte" dem sächsischen Kurfürsten aufs Neue. Der zwischen Brandenburg und Sachsen schwelende Konflikt gab ihm in der Heimat einen sicheren Rückhalt, wenn auch dem Buchstaben nach der Brandenburger verpflichtet war, ihn zu verfolgen. So konnte Kohlhase ziemlich ungefährdet einige Dörfer nahe der Grenze und das Städtchen Zane ausplündern und niederbrennen. Umständlich schildert der Chronist, wie er allen Versuchen Sachsens, ihn einzufangen, entging. Immer wieder schlug er den sächsischen Truppen, die gegen ihn entsandt wurden, ein Schnippchen. Die im Grunde ohnmächtigen Sachsen rächten sich grausam an seinen Spieß-

gesellen oder an Leuten, die sie dafür hielten. Am Freitag vor Pfingsten 1538 wurden vor dem Kloster Zinne zwei Schneidergesellen gerädert, denen man vorwarf, Beziehungen zu Kohlhase unterhalten zu haben. Rasch griff der Rächer zu. In der folgenden Nacht überfiel er die Ortschaft und das Kloster, ließ die Räder umhauen und den Berg hinablaufen, führte die Leichen hinweg, um sie an anderer Stelle ehrenvoll zu begraben, und hinterließ dem flüchtigen Abt einen Zettel mit dem Text: *„O filii hominum, si vultis judicare, recte judicate ne judicemini"* („O Menschenkinder, wenn ihr richten wollt, so richtet gerecht, damit ihr nicht gerichtet werdet."). In diesem Zusammenhang wird vom Chronisten der geradezu ungeheuerliche Rechtsbrauch jener Zeit geschildert, nach dem die Kossaten, auf Kossatenhöfen sitzende Gärtner, Häusler und Kleinbauern, die zur Leistung von Abgaben und zu Handdiensten verpflichtet waren, für jeden, der „daselbst gerechtfertigt", also hingerichtet wurde, je nach der Größe ihrer Hufe dem Abt oder dessen Vogt eine bestimmte, recht ansehnliche Abgabe bezahlen mussten. Die Folge war, dass man um dieser stattlichen Einnahme willen öfters Leute hinrichtete, „denen viel zu kurtz geschah".

Der Chronist berichtet dann weiter Streiche, die Kohlhase den Sachsen zufügte und durch die er seinen Nachstellungen entging. Dann aber wandte sich Martin Luther in einem Brief an ihn, schrieb ihm und verwarnte ihn, von seinen sündigen Unternehmungen abzusehen. Darauf kam Kohlhase unbemerkt nach Wittenberg und erreichte, dass der Reformator ihm noch in der gleichen Nacht eine Unterredung gewährte, zu der Luther außer Philipp Melanchthon eine Reihe gelehrter Freunde zuzog. Das Ergebnis dieser nächtlichen Verhandlungen war, dass Kohlhase, nachdem er gebeichtet und aus Luthers Hand die Kommunion empfangen hatte, sich bereit erklärte,

seinen Kampf gegen Sachsen aufzugeben, wenn ihm der ordentliche Rechtsweg wieder eröffnet werde. Aber daraus wurde nichts, und Kohlhase setzte den Kampf gegen Sachsen fort. Und nun machte er den entscheidenden Fehler seines Lebens. Immer hatte der brandenburgische Kurfürst ihm nach seinen Raubzügen Schutz gewährt, jedenfalls nichts unternommen, seinem Treiben Einhalt zu gebieten. Kohlhase muss sich des Schutzes seines Landesherrn sehr sicher gewesen sein, denn nun entschloss er sich, ihn durch einen kühnen Streich zu zwingen, seinen Rechtshandel energischer zu betreiben. Als des Kurfürsten Faktor Konrad Drahtzieher im Mansfeldischen und Stolbergischen Silber für die kurfürstliche Münze eingekauft hatte und es heimführte, überfiel ihn Kohlhase, nahm ihm die „Silberkuchen" weg und verbarg sie eine halbe Meile diesseits Potsdams unter der Brücke, die später seinen Namen tragen sollte. Seine Absicht war nicht, das Silber zu behalten. Er wollte es dem Kurfürsten unter der Bedingung zurückgeben, dass dieser ihm bindende Zusagen für die Fortführung seines Prozesses gegen Sachsen machte.
Diese Absicht verstand der Kurfürst allerdings nicht. Der Chronist berichtet, dass er durch einen in Schwarzen Künsten erfahrenen Scharfrichter Kohlhase nach Berlin zaubern ließ, wo er unter Umständen, die offenbar alten Schwänken entnommen sind, gefangen wurde. Mit ihm geriet auch sein Geselle Nagelschmidt, der den unbesonnenen Streich gegen den kurfürstlichen Faktor angeraten hatte, in Gefangenschaft; gegen beide wurde auf Befehl des Kurfürsten der peinliche Prozess eröffnet. Als Ankläger trat ein Anwalt des Kurfürsten von Sachsen auf, der seine Klage auf den Bruch des kaiserlichen Landfriedens durch den Kohlhase stützte. Obwohl sich Kohlhase drei Stunden lang in recht flüssigem Latein verteidigte, wurden er, sein Geselle Nagelschmidt und ein Bürger, dem

nicht mehr zur Last gelegt wurde, als dass er den Nagelschmidt, der ihm unbekannt war, beherbergt hatte, zum Tode durch das Rad verurteilt. Kohlhase sollte zwar zum Schwerte begnadigt werden, aber der Nagelschmidt erinnerte daran, dass sie „gleiche Brüder gewesen seien und auch gleiche Kappen tragen" müssten. Da verzichtete Kohlhase auf die Gnade. Auf dem Wege zur Hinrichtung am 22. März 1540 soll er immer wieder vor sich hingemurmelt haben: *„Nunquam vidi justum derelictum"* („Niemals habe ich einen Gerechten verlassen gesehen"). Umständlich beschreibt dann der Chronist die Hinrichtung, nicht ohne hinzuzufügen: „Es ist aber, alsbald er gericht, dem Churfürsten zu Brandenburg leid gewesen, und wenn es hernach hätte sollen geschehen, würde es vielleicht wohl verblieben sein."

Im Wesentlichen hat der Chronist die geschichtlichen Tatsachen überliefert. Es fehlen bei ihm ein Überfall auf die Mühle zu Gomming vom 26. Mai 1535, die Zusage eines weiteren Rechtstages zu Jüterbog, die nicht eingehalten wurde, die gewaltsame Befreiung des Kaufmannes Reiche aus der Gewalt Kohlhases und teilweise wenigstens seine Kämpfe gegen die ihm entgegengesandten sächsischen Truppen. Auch das Ende ist vereinfacht. In den Prozess Kohlhases waren über hundert Personen verwickelt. Überhaupt lässt die geschichtliche Quelle erkennen, dass zwar am Anfang von Kohlhases Weg das fanatische Streben nach dem Recht stand, dass er aber dann immer mehr zum Räuber und Mordbrenner wurde, der trotz gelegentlicher Ansätze zu einer rechtlichen Einigung zu tief in seinen Verbrechen steckte, um noch einen Ausweg zu finden. Die Chronik hat hier also schon wesentlich vereinfacht, sie hat den Gedanken des Kampfes um das vorenthaltene Recht stärker in den Vordergrund gestellt und ihm ein besonderes Gewicht dadurch gegeben, dass die Unterredung mit Luther und seinen gelehrten Freunden hinzuerfunden wurde. Die Geschichte weiß nur von Flugschriften Luthers in dieser Sache, in der er den Rechtsbruch Sachsens ebenso verwarf wie Kohlhases Selbstjustiz, seine Rache.

In der Kleistliteratur werden als weitere mögliche Quellen für die Novelle noch Nicolaus Leutingers *Opera omnia* (1729) und Menzens *Stammbuch und kurtze Erzehlung vom Ursprung und Hehrkommen der Chur und Fürstlichen Häuser Sachsen/Brandenburg usw.* (1598) genannt. Sie können aber nur eine untergeordnete Rolle spielen.
Den Luther-Brief an Kohlhaas gibt es tatsächlich, Kleist hat ihn jedoch nicht wörtlich übernommen.

Kleists Verhältnis zu den Quellen

Nicht die bunte, spannende, rührende und gelegentlich auch groteske Elemente vereinigende Erzählung der Chronik interessierte Kleist. Für ihn standen der Mensch und sein seelischer Konflikt entscheidend im Vordergrund. Der psychologischen Begründung und Vertiefung hatte sich die Handlung anzupassen. Auch in der Novelle ist der Bericht des Chronisten nur Rohstoff. Erstaunlich bleibt dabei, dass der Dichter über die Chronik hinaus in der Gestaltung der menschlichen Hintergründe und Motive oft der Geschichte, der Wirklichkeit näher ist als die Chronik. Da ihm weitere geschichtliche Unterlagen über den historischen Kohlhase nicht zugänglich waren, erweist sich hier also die dichterische Intuition bei der Gestaltung menschlicher Charaktere und Motive als zutreffender als die Überlieferung des Chronisten.

Gestaltung menschlicher Charaktere

Aus Hafftiz' Chronik hat Kleist folgende Motive übernommen: die Zurückhaltung und Verelendung der Pferde, die Fehde gegen Sachsen, den Vertrag mit dem sächsischen Kurfürsten, den dieser bricht, Luthers Brief, Drohung mit der Strafe Gottes, Kohlhasens heimlichen, nächtlichen Besuch bei Luther, das Abendmahl, das der Luther der Novelle im Gegensatz zu dem der Chronik dem Räuber verweigert, des Nagelschmidts verhängnisvolle Rolle, ein schimpfliches Todesurteil, das in der Novelle aber nicht vollstreckt wird, den Tag der Hinrichtung und das Motiv des Schwertgerichtes.

Fortgelassen hat Kleist Motive, die in der Chronik den größten Raum einnehmen und auf denen dort das Schwergewicht liegt: die Beraubung des Kaufmannes Reiche, die Streiche, die Kohlhase den Häschern spielt, die geräderten Schneidergesellen vom Kloster Zinne, die Theologen bei Luther und vor allem als entscheidendste Abweichung von Chronik und Geschichte den Raub des kurfürstlichen Silbers bei Potsdam. Alles, was in der Chronik grotesk wirkt, entfällt bei Kleist. Es fehlen die Scherze, mit denen Kohlhase seine Gegner täuscht. Völlig verändert wird die Rolle der Frau Kohlhases. Nach der Chronik wird sie unter komischen Umständen mit ihrem Manne infolge der zauberischen Kräfte des der Hexenkünste mächtigen Scharfrichters im Bettkasten gefunden, flüchtet, als Kohlhase gefangen genommen wird, und erlebt dann unter einer Brücke eine Fehlgeburt, die ihr wohl ans Leben gegangen wäre, wenn das Geschick sie nicht noch zu schlimmeren Leiden aufgespart hätte. Es fehlt auch der Justizmord an dem Bürger, der den Nagelschmidt beherbergt hatte. Und bei der verwerflichen Rolle, die Kleist dem Nagelschmidt zugedacht hatte, musste er natürlich auch dessen Ende von dem des Kohlhaas trennen.

neu: Gestalt der alten Zigeunerin

Völlig isoliert in der Novelle ist die Gestalt der alten Zigeunerin, die so eigenartig des Rosshändlers und des sächsischen Kurfürsten Schicksal miteinander verbindet und die in romantisch-geheimnisvoller Andeutung eine Verkörperung der verstorbenen Frau des Kohlhaas darstellt. In keiner Quelle findet sich dieses Motiv, und dabei an Goethes *Götz von Berlichingen* als Vorbild zu denken, wie es bei Wächter geschah, dürfte doch recht konstruiert bleiben. Wie in allen Werken ist Kleist auch hier unbekümmert um das geschichtliche Vorbild. Er scheut Anachronismen keineswegs, verändert Charaktere und Handlungsabläufe entsprechend seiner Grundidee und führt neue Gestalten ein, wo es ihm notwendig erscheint. Außer Kohlhase und Nagelschmidt sind alle Namen erfunden. Selbst Hans Kohlhase wird zum Michael Kohlhaas. Der energische, edle und gerechte Kurfürst von Brandenburg, den Kleist – hier ganz Partei – darstellt, hat nichts gemeinsam mit den geschichtlichen Kurfürsten Joachim I. (1499–1535) oder Joachim II. mit dem Beinamen Hektor (1531–71), der erst 1539 die Reformation einführte und Luther in den Jahren des Prozesses des Hans Kohlhase schwerlich irgendwelche Autorität zugestanden hätte. Kleists Kurfürst ist komplett seine Erfindung, das Muster eines Landesvaters, sicher im Urteil und von der Konsequenz, die einer bürgerlichen Existenz die beste Grundlage bietet, während der geschichtliche Kurfürst im Kohlhase-Prozess eine recht zweideutige Rolle spielt und auch nicht recht weiß, was er tun soll. Kleists Kurfürst aber kennt kein Schwanken, sein Handeln und Denken werden von unbedingter Gerechtigkeit bestimmt.

Dagegen wird der sächsische Kurfürst Johann Friedrich, der nach der geschichtlichen Überlieferung und auch nach dem

Chronisten ein braver und ehrenwerter Mann war, dem nur die letzte Autorität infolge der Stellung, die dem Adel durch die Landesverfassung eingeräumt war, fehlte, zum Zerrbild eines Monarchen.

Zerrbild eines Monarchen

Er ist schwach, von üblen Ratgebern abhängig, immer bereit, das Recht zu beugen, nicht viel mehr als ein gekrönter Abenteurer, dabei abergläubisch und von eigensüchtigen Frauen abhängig. In diese Gestalt hat Kleist bewusst seinen ganzen Hass auf den von ihm als Erzverräter der deutschen Sache an Napoleon angesehenen und deshalb bekämpften Kurfürsten Friedrich August III., den späteren König Friedrich August I. von Napoleons und Rheinbunds Gnaden, einströmen lassen. Hier zeichnet der Dichter den Typ eines verwerflichen, unfähigen und allem adligen Denken entfremdeten Erben, der dem Throne nur Schande macht. Zu ihm passt die Sippschaft der Hinz und Kunz, wie Kleist die adligen Intriganten absichtlich mit komischen Namen der Volkssprache benennt. Diese verkommenen Junker wissen nichts Besseres zu tun, als auf Kosten des Not leidenden Volkes zu schlemmen und ihre eigentlich verpflichtenden Vorrechte dafür zu missbrauchen, dem Recht aus dem Wege zu gehen. Gegen solche Gestalten erhebt sich das Volk im *Kohlhaas* mit Recht.

Es fehlt nicht an Anachronismen in der Novelle. Kohlhaas deponiert sein Geld auf der Hamburger Bank. Dresden wird beschrieben, wie Kleist es kannte, ja, Kohlhaas hat seine Wohnung in der Pirnaischen Vorstadt, in der auch der Dichter in Dresden wohnte, die zur Zeit Kohlhases aber noch gar nicht existierte. Kleist kommt es in seiner Erzählung nur darauf an, sich einen eindeutigen Ausgangspunkt für die Gestaltung seiner Grundidee – des Kampfes des Individuums gegen den Missbrauch des Rechts – zu verschaffen, obwohl er durch seine altertümliche Ausdrucksweise bestrebt ist, den Eindruck einer echten Chronik zu erwecken. Er findet diesen Ausgangspunkt im dem Rechtsbruch des Wenzel von Tronka, eines charakterlosen, verkommenen und schlappen Junkers. Dagegen steht das Volk bei Kleist, von ganz vereinzelten Schmarotzern im Hause der Herren abgesehen, immer auf der Seite des Rechts. Daraus entwickelt sich die Handlung, bei der Kleist alle Züge der Chronik, die beiläufig sind, weglässt und geradewegs auf sein Ziel zugeht. Verstärkt werden aber die menschlichen Züge. Die tragischen Vorfälle um Kohlhaas' Frau Lisbeth sind vom Dichter erfunden. Das Gleiche gilt für den Ritterschlag der beiden Söhne. Das in der Chronik über zehn Jahre sich hinziehende Geschehen wird gestrafft und in gedrängter Kürze vorgeführt. Es gibt keine Abschweifung von der einzigen Linie, kein Satz ist zuviel, kein Satz wäre hinzuzufügen. So gilt noch heute uneingeschränkt Tiecks Ausspruch über diese Novelle:

> *„Wenn man sieht, mit welcher Festigkeit die Gestalten gezeichnet, wie richtig und wahr ein Ergebnis und ein Gefühl sich aus dem andern notwendig entwickelt, so wird man fast versucht, zu glauben, dass er hier sein Talent noch glänzender entfalten könne als im Drama."*[7]

7 Ludwig Tieck: *Vorrede zu Kleists hinterlassenen Schriften*. 1821. Zitiert in *Kleists Nachruhm*. München 1977, S. 636.

2.2 Inhaltsangabe

2.2.1 Die Rechtskränkung des Kohlhaas und sein Kampf um sein Recht

Pferdehändler Michael Kohlhaas

Um die Mitte des 16. Jahrhunderts lebt in einem nicht weit von Potsdam gelegenen Dorf ein Pferdehändler, Michael Kohlhaas, ein wohlhabender, rechtschaffener und allgemein angesehener Mann. Er besitzt einen schönen Meierhof, sein Gewerbe ernährt ihn und seine Familie, und unter seinen Nachbarn ist keiner, „der sich nicht seiner Wohltätigkeit, oder seiner Gerechtigkeit erfreut hätte" (S. 3/12 f.). Aber schon in der kurzen Einleitung wird auf den Widerspruch im Charakter der Hauptfigur hingewiesen: „Die Welt würde sein Andenken haben segnen müssen, wenn er in einer Tugend nicht ausgeschweift hätte. Das Rechtsgefühl machte ihn zum Räuber und Mörder." (S. 3/13–16)

Nach dieser gerafften und sehr pointierten Einführung setzt sogleich das Geschehen ein. Als Kohlhaas an einem unfreundlichen Tag über die Elbe fährt, um eine Koppel Pferde nach Sachsen zu bringen, wird er vom Zöllner des Junkers Wenzel von Tronka aufgehalten. Nachdem er – befremdet zwar von der neuen Verordnung – den Zoll bezahlt hat, will er weiterreisen, wird aber vom Burgvogt zurückgerufen und nach dem Passierschein gefragt. Da er sich nicht vorstellen kann, weshalb an dieser Stelle ein besonderer Pass erforderlich sei, beschließt er, den Junker zu befragen, den er gerade bei einer Festtafel unter befreundeten Rittern findet. Als die Herren von den Pferden hören, eilen sie zum Fenster, um die Tiere zu sehen, und steigen dann in den Hof hinab. Der Junker erkundigt sich nach dem Preis der Pferde, findet aber die von Kohlhaas rechtmäßig angesetzte Summe dennoch zu hoch. Als nun Kohlhaas fortreiten will, macht man ihm des fehlenden Passes wegen Schwierigkeiten, so dass er sich genötigt sieht, seine beiden Rappen mit einem Knecht zu ihrer Pflege als Pfand zurückzulassen, bis er sich einen Pass in Dresden besorgt hat. In Dresden aber erfährt er, dass die Passforderung des Junkers unrechtmäßig war. Er lässt sich eine Bescheinigung darüber ausstellen und reitet zur Tronkenburg zurück. Als er dort seine Rappen in Empfang nehmen will, findet er statt der wohlgenährten Pferde heruntergekommene Mähren vor und erfährt zugleich, dass man die Tiere zur Feldarbeit gebraucht hätte. Auf die Frage nach seinem Knecht Herse sagt man ihm, dass dieser wegen ungebührlichen Benehmens fortgejagt worden sei. Auf seine Einwendungen hin wird er von Junker und Burgvogt mit Grobheiten und Schimpfreden überhäuft und verlässt voller Empörung die Tronkenburg, ohne die Rappen mitzunehmen.

Passforderung des Junkers

Kohlhaas, der zunächst sofort nach Dresden reiten will, um dort vor Gericht sein Recht zu suchen, wird von seinem empfindlichen Rechtsgefühl bewogen, diesen Plan zu ändern und zunächst den Knecht selbst nach dem wahren Sachverhalt zu befragen. Ehe er handelt, will er ganz sicher sein, ob nicht doch eine Schuld des Knechtes vorliegt. Nachdem er in einem messerscharfen Verhör die ungeheuerlichen Übergriffe und Rechtsbrüche des Junkers aus dem Knecht herausgefragt hat, entschließt er sich zu handeln und seine Rechtssache vor die Dresdener Gerichte zu bringen.

Mit Hilfe eines Advokaten verklagt Kohlhaas nun den Junker beim Gericht in Dresden ordnungsgemäß wegen gesetzwidrigen Einbehaltens der Rappen, auf Wiederherstellung der Tiere in den vorigen Stand und den Ersatz des ihm und seinem

Knechte zugefügten Schadens. Der Rechtsfall ist völlig klar. Dennoch vergeht fast ein Jahr, ohne dass irgendein Bescheid auf die Klage kommt. Endlich erfährt Kohlhaas von seinem Rechtsbeistand, dass seine Klage auf Veranlassung höchster Stellen völlig niedergeschlagen worden sei. Der niederträchtige Junker Wenzel von Tronka hat nämlich zwei einflussreiche Verwandte in hohen Hofämtern zu Dresden. Der Anwalt rät ihm, die Pferde aus der Burg abzuholen und ihn mit der Sache in Zukunft zu verschonen.

Kohlhaas versucht nun einen anderen Weg. Über den ihm wohl gesonnenen Stadthauptmann von Geusau wendet er sich an den brandenburgischen Kurfürsten, seinen Landesherrn, um über ihn zu seinem Recht zu kommen. Nach einiger Zeit muss er aber erfahren, dass seine Bittschrift nicht direkt an den Kurfürsten gekommen ist, sondern an den Kanzler Graf Kallheim, der mit den Tronkas verwandt ist. Was Kohlhaas befürchtet hat, tritt ein. Er wird als unnützer Querulant abgewiesen. Die Pferde stünden zu seiner Verfügung, weitere Ansprüche habe er nicht. Über diese Entscheidung ist Kohlhaas sehr niedergeschlagen; er wird es noch mehr, als er erfährt, dass der Junker seine Rappen nach wie vor für die Feldarbeit gebraucht. An aller Gerechtigkeit zweifelnd fasst er den Entschluss, seinen Meierhof zu verkaufen. Trotz der Bitten und bösen Ahnungen seiner Frau findet er in dem benachbarten Amtmann einen Kaufinteressenten. Frau und Kinder will Kohlhaas nach Mecklenburg, in die Heimat seiner Frau, schicken. Diese beschwört ihn, sie einen letzten Versuch wagen zu lassen. Sie will selbst nach Berlin fahren und dem Kurfürsten persönlich seine Bittschrift überreichen. Über einen ihr von der Heimat her bekannten Kastellan hofft sie, ihr Ziel zu erreichen.

Kohlhaas als unnützer Querulant abgewiesen

Es ist der vergeblichste von allen Versuchen. Kohlhaas' Frau trifft den Kastellan nicht an. Sie drängt sich an den Kurfürsten, wird von den Leibwächtern zurückgewiesen und durch einen Unfall, durch Übereifer eines Wächters, so verletzt, dass sie sterbenskrank nach Hause zurückkommt und, ohne das volle Bewusstsein wiederzuerlangen, einige Tage später stirbt. Vor ihrem Tode aber verweist sie, da sie der Sprache nicht mehr mächtig ist, Kohlhaas auf die Bibelstelle: „Vergib deinen Feinden; tue wohl auch denen, die dich hassen." (S. 29/8 f.) Kohlhaas lässt ihr ein Begräbnis richten wie für eine Fürstin. Am Begräbnistage erhält er den Bescheid auf die Bittschrift, die seiner Frau das Leben gekostet und die ihr ein Ritter aus der Umgebung des Kurfürsten abgenommen hat: Er soll die Pferde von der Tronkenburg abholen und bei Strafe, in das Gefängnis geworfen zu werden, nicht wieder in dieser Sache kommen.

2.2.2 Die Selbstrache des Kohlhaas und das Eingreifen Luthers

Rechtsschluss

Sofort nach dem Begräbnis seiner Frau verfasst Kohlhaas einen Rechtsschluss, in dem er den Junker „kraft der ihm angeborenen Macht" (S. 30/2 f.) verurteilt, die Rappen, die er ihm abgenommen und zu schwerer Arbeit missbraucht hat, binnen drei Tagen nach Kohlhaasenbrück zu führen und persönlich in seinen Ställen dick zu füttern. Durch einen reitenden Boten schickt er diesen Rechtsschluss zur Tronkenburg. Als nach drei Tagen keine Antwort vorliegt, verlässt er endgültig seinen Meierhof, schickt die Kinder über die Grenze und überfällt mit sieben treu ergebenen Knechten in der Nacht die Tronkenburg. Schlossvogt und Verwalter werden erschlagen,

die Burg ausgeplündert und niedergebrannt. Aber dem Junker gelingt es, über eine Hintertreppe zu fliehen.
Damit sieht Kohlhaas seine Unternehmung als gescheitert an. Es kommt ihm jetzt nur noch darauf an, des Junkers habhaft zu werden. Er erfährt, dass dieser sich in dem adligen Damenstift Erlabrunn aufhält, in dem seine Tante Äbtissin ist. Auch dort trifft er ihn nicht; der Junker ist kurz vor seiner Ankunft nach Wittenberg weitergeflohen. Im ersten Zorn will er das Stift niederbrennen, aber die Vorstellungen der edlen, greisen Äbtissin, die feierlich beschwört, dass sie sein Mandat, nach dem niemand den Junker aufnehmen dürfe, erst erhalten habe, als dieser bereits fort war, veranlassen ihn, gerecht zu bleiben, dem Stift nicht zu schaden, da es nicht schuldig in seinem Sinne ist. So wendet er sich gegen Wittenberg. Er erlässt ein weiteres Mandat, in dem er „jeden guten Christen ... unter Angelobung eines Handgelds und anderer kriegerischen Vorteile" (S. 35/35–36/1) auffordert, „seine Sache gegen den Junker von Tronka, als dem allgemeinen Feind aller Christen, zu ergreifen" (S. 36/1 ff.). Er hat beträchtlichen Zulauf, so dass er bald in der Lage ist, gegen die starke Stadt Wittenberg vorzugehen. Er schickt einen verkleideten Knecht hinein, der seine Aufforderung an jedermann, den Junker nicht zu beherbergen und ihn sofort auszuliefern, anschlägt. Da keine Antwort kommt, steckt er in der folgenden Nacht die Stadt an mehreren Ecken in Brand.

Wittenberg brennt

Der Landvogt schickt ihm einen Haufen von 50 Mann entgegen, der aber so ungeschickt operiert, dass es Kohlhaas gelingt, den ganzen Haufen aufzureiben. In der folgenden Nacht brennt die Stadt erneut. Nun zieht ihm der Landvogt persönlich mit 150 Mann entgegen. Der kluge Kohlhaas vermeidet den Kampf mit diesem Haufen, versteht es aber, ihn durch geschickte Winkelzüge weit von der Stadt wegzulocken. Dann, als der Landvogt ihn bereits jenseits der Grenze glaubt, wendet er sich, kehrt in einem Gewaltritt nach Wittenberg zurück und steckt die Stadt zum dritten Mal in Brand. Die Aufregung der Bürger ist unbeschreiblich. Alle Wut richtet sich gegen den Junker, der dieses Unheil über die Stadt gebracht hat. Nur dem heimkehrenden ehrwürdigen Landvogt gelingt es, das Volk einigermaßen zu beruhigen und dem Junker das Leben zu retten. Die Landesregierung, die befürchtet, dass andere Städte das Schicksal Wittenbergs teilen werden, befiehlt, den Junker nicht weiterzuschicken. Zum Schutz der Stadt Wittenberg wird ein Heerhaufen von 500 Mann unter dem Prinzen Friedrich von Meißen entsandt. Darauf sammelt der Landvogt erneut 300 Mann, um dem Prinzen zu Hilfe zu kommen. Kohlhaas aber, der davon unterrichtet ist, kommt ihm zuvor. Mit seinem auf über hundert Mann angewachsenen Haufen überfällt er unvermutet den Heerhaufen des Prinzen bei Mühlberg, schlägt sich in einem mehrstündigen nächtlichen Gefecht so mit ihm herum, dass der Prinz selbst schwer verwundet mit geringen Resten seines Haufens, der auseinander gelaufen ist, nach Dresden zurückkehren muss. Sogleich wendet sich Kohlhaas gegen den Haufen des Landvogtes, den er am hellen Mittag angreift und so schlägt, dass nur schleunige Flucht im Schutze der Nacht den Landvogt und den Rest seines Heerhaufens rettet.

Kohlhaas lässt nun von Wittenberg ab, da er sichere Nachricht hat, dass der Junker heimlich in die Pleißenburg zu Leipzig gebracht worden sei. Fünf Tage nach der Zersprengung der beiden Heerhaufen steht er vor Leipzig. Er erlässt ein Mandat, in dem er sich „einen Statthalter Michaels, des Erzengels" (S. 42/6 f.) nennt, „der gekommen sei, an allen, die in dieser Streitsache des Junkers Partei ergreifen würden, mit Feuer und Schwert, die Arglist, in welcher die ganze Welt versunken sei, zu bestrafen" (S. 42/7–10). Auch Leipzig brennt in der folgenden Nacht an mehreren Stellen. Nur anhaltender Regen verhindert eine Verheerung der Stadt. Unterdessen erlässt Kohlhaas von Lützen aus, dessen Schloss er besetzt hat, Aufrufe an das ganze Volk, sich ihm anzuschließen. Zum Schutz der Stadt schickt man einen Haufen von 180 Landsknechten gegen ihn, den er mit geringer Mühe dank der Übermacht, zu der sein Haufen angewachsen ist, zersprengt. Es bleibt nichts anderes übrig, als die Stadt zu verschließen und in Kriegsbereitschaft zu setzen. Vergebens versucht der Magistrat auf den Dörfern der Umgebung die Nachricht zu streuen, der Junker sei nicht in der Stadt. Kohlhaas erklärt dagegen, er werde vorgehen, als ob er in der Stadt sei, bis man ihm genau den Ort seines Aufenthaltes angebe. Der Kurfürst, den die Stadt in ihrer Not angeht, erklärt, er ziehe einen Heerhaufen von 2000 Mann zusammen. Aber gegen Kohlhaas' Taktik, der starken Gegnern ausweicht und dann plötzlich wieder auftaucht, wo ihn niemand vermutet, um des Nachts durch verkleidete Gestalten mit Feuer, Pech und Schwefel seinen Krieg zu führen, bietet ein solcher Heerhaufen keinen Schutz.

Martin Luther

In diesem Augenblick greift Martin Luther ein. In einem Plakat, das überall angeschlagen wird, fordert er den Rosshändler auf, von seiner blindwütigen Rache abzulassen. Kohlhaas, der den Reformator sehr verehrt, ist darüber höchst betroffen. Heimlich reitet er nach Wittenberg und erzwingt eine Unterredung mit Luther, der ihm ernste Vorhaltungen wegen seiner Voreiligkeit macht. Kohlhaas erklärt sich bereit, seinen Rachefeldzug zu beenden, wenn man zu Dresden die Berechtigung seiner Klage gegen den Junker anerkennt. Er bittet Luther, ihm zu neuer Verhandlung freies Geleit zu verschaffen. Dieser findet sich bereit dazu und legt dem sächsischen Kurfürsten in einem Sendschreiben nahe, Kohlhaas wegen des Vorgefallenen zu amnestieren und ihm Gelegenheit zu geben, seinen Rechtsanspruch ordentlich geltend zu machen.

2.2.3 Neuer Prozess und Ende des Kohlhaas

Einige unter den Ratgebern des Kurfürsten, vor allem die Herren von Tronka, schlagen vor, man solle Kohlhaas freies Geleit zusichern, es aber dann brechen und sich so des gefährlichen Mannes erwehren. Aber die Ehrlichen unter den Ratgebern setzen ihre Auffassung durch. Die von Luther geforderte Amnestie wird Kohlhaas gewährt, gleichzeitig ihm freies Geleit für seinen Prozess in Dresden zugesichert. Wenn er den Prozess gewinne, so sollten er und seine Helfershelfer unbestraft bleiben, andernfalls würde sie die Strenge des Gesetzes treffen. Kohlhaas entlässt sofort, als er durch Luther davon erfährt, seinen Haufen, deponiert alle Beute beim kurfürstlichen Gericht zu Lützen und begibt sich nach Dresden. Dort sucht ihn der Prinz Christiern von Meißen auf, der ihm versichert, dass er völlig frei sei. Eine Wache, die er ihm stellt, soll ihn nur vor etwaigen Zudringlichkeiten des Volkes, das sich um sein Haus drängt, schützen. Dann begibt sich Kohlhaas zum Großkanzler des Tribunals, der ihn wohlwollend empfängt und an einen berühmten Advokaten weist, der die Klage des Kohlhaas erneut einreicht. Die Klagepunkte sind die gleichen wie in den ersten Eingaben.

Amnestie

Der Junker Wenzel ist unterdessen auch nach Dresden gekommen, wo er mit höchster Verbitterung von seinen Verwandten empfangen wird. Es bleibt nun die schwierige Aufgabe, die verschwundenen Rappen wieder herbeizuschaffen. Nach mühsamen Nachforschungen findet sich der mutmaßliche Besitzer. Es ist der Abdecker aus Döbbeln. Bei der Besichtigung der Tiere kommt es zu einem Aufstand unter dem Volk, als einer der Junker seinem Knecht befiehlt, die Tiere loszubinden und nach Hause zu führen. Die Verwandten des jungen Knechtes empören sich über die Zumutung, die durch den Abdecker „unehrlich" gewordenen Tiere zu berühren. Bei dem folgenden Tumult wird der Junker Hinz, der Kämmerer, verletzt.

Obwohl Kohlhaas an diesem Vorfall keine Schuld hat, wendet sich doch die Stimmung gegen ihn. Die Junker und ihre Freunde tun alles, um den Prozess hinauszuziehen. Sie sind überzeugt, dass die Zeit am Ende doch für sie arbeiten wird. Die unglaublichsten Ausflüchte werden versucht. Weitere Vorfälle kommen ihnen zu Hilfe. In den böhmischen Wäldern hat einer der früheren Knechte des Kohlhaas, Johann Nagelschmidt, einen Räuberhaufen gesammelt und behauptet, um sich größeren Zulauf zu sichern, Statthalter des Kohlhaas zu sein. Obwohl mehr als unwahrscheinlich ist, dass Kohlhaas in Dresden irgendetwas damit zu tun hat, obwohl er nachweisen kann, dass Nagelschmidt der Letzte gewesen wäre, dem er sein Vertrauen geschenkt hätte, benutzt man die Vorfälle, um gegen den Rosshändler Misstrauen zu säen.

Als Kohlhaas nun um Pässe bittet, weil er für einige Tage nach Brandenburg reisen will, um dort seine Sachen zu ordnen, werden ihm diese Pässe nicht nur verweigert, er wird sogar unter schärfere Bewachung gestellt. Solange die ehrlichen Freunde des Rechtes und wohlwollenden Förderer der Sache des Kohlhaas, der Prinz Christiern und der Großkanzler in Dresden, anwesend waren, war noch kein entscheidender Schlag möglich. Eine vorübergehende Abwesenheit beider wird dann ausgenutzt. Als Kohlhaas zu dem befreundeten Amtmann von Lockwitz zu Besuch fahren will, wird er gehindert. Als er daraufhin den Vertreter des Großkanzlers fragt, ob er ein Gefangener sei, muss er erfahren, dass man nicht gewillt ist, die zugesicherte Amnestie zu halten.

Man geht nun noch einen Schritt weiter. Durch Zufall hat man einen Knecht des Nagelschmidt gefangen, der einen Brief an Kohlhaas bei sich trägt. Darin schlägt Nagelschmidt, der seines Haufens nicht Herr wird, vor, dass Kohlhaas angesichts des zweifelhaften Verlaufes seiner Sache in Dresden dort aufgeben und wieder die Führung des Haufens übernehmen solle. Man bezichtigt sofort Kohlhaas, mit Nagelschmidt in Verbindung zu stehen. Um sicher zu gehen, schickt man den Knecht verkleidet zu Kohlhaas und lässt ihn den Brief übergeben. Kohlhaas, der an seiner Sache verzweifelt, sieht in seiner trüben Stimmung eine Möglichkeit, den Scherereien, denen er in Dresden ausgesetzt ist, zu entrinnen. So sagt er dem Nagelschmidt zu und gibt ihm genaue Anweisungen für die Vorbereitung seiner Flucht.

Sobald dieses Schreiben an den Schlosshauptmann kommt, wird der bisherige Großkanzler abgesetzt, Kohlhaas festgenommen und in Ketten in die Stadttürme gebracht. Da er in dem nachfolgenden Prozess nicht leugnet, den Brief geschrieben zu haben, wird er zu einem unehrenhaften Tode verurteilt.

Kurfürst von Brandenburg

Zu dieser für Kohlhaas so verhängnisvollen Zeit greift der Kurfürst von Brandenburg als sein Landesherr ein, nachdem er das Nähere durch den Stadthauptmann von Geusau erfahren hat. Entrüstet über das Vorgehen seines Erzkanzlers, der sich von Rücksicht auf seine Verwandtschaft mit den Tronkas leiten lässt, enthebt er ihn seines Amtes und fordert den Kohlhaas als seinen Untertan zur Aburteilung vor ein brandenburgisches Gericht. Sachsen weigert sich anfänglich. Aber eine günstige politische Lage kommt Kohlhaas zu Hilfe. Sachsen hat Schwierigkeiten mit Polen und braucht die Unterstützung Brandenburgs. Deshalb möchte man in dieser Sache keinen Konflikt heraufbeschwören, umso weniger, als der neue brandenburgische Erzkanzler, eben jener Heinrich von Geusau, sie mit äußerstem Nachdruck betreibt. So entschließt man sich in Dresden, der brandenburgischen Forderung nachzugeben. Da man von Dresden aus in Berlin wegen des Briefes des Kohlhaas an den Nagelschmidt bei den höchst zweideutigen Umständen, unter welchen er geschrieben wurde, keine Anklage erheben kann, wendet man sich an den Kaiser, der durch keine Amnestie gebunden ist und Klage gegen Kohlhaas wegen Bruches des Landfriedens erhebt.

Als Kohlhaas unter Bewachung des brandenburgischen Ritters von Malzahn unterwegs nach Berlin ist, trifft es sich zufällig, dass er infolge einer Verzögerung, die durch die Erkrankung eines seiner Kinder verursacht wird, in eine Gegend gerät, in der vom sächsischen Hof eine Jagd abgehalten wird. Auf Veranlassung der Dame Heloise, die neugierig ist, den „wunderlichen" Mann zu sehen, begibt sich der Kurfürst von Sachsen mit ihr heimlich und unerkannt in die Meierei, in der Kohlhaas übernachtet. Da entdeckt der Kurfürst, dass Kohlhaas ein Amulett in einer Kapsel trägt, von dem er erzählt, dass es unter geheimnisvollen Umständen in seinen Besitz gekommen sei und einen Zettel enthalte, der ihm das Leben retten werde und der, wie man später (S. 104/4 f.) erfährt, äußerst wichtige Nachrichten über die Zukunft des Herrscherhauses Sachsen enthält.

Kapsel am Halse des Kohlhaas

Die Aufregung, diese Kapsel am Halse des Kohlhaas zu sehen, erschüttert den Kurfürsten so, dass er mit allen Anzeichen eines Schlaganfalles zusammenbricht. Wochenlang liegt er krank. Kaum ist er genesen, unternimmt er alle Anstrengungen, des Zettels habhaft zu werden. Er schickt den Jagdjunker vom Stein, dem er besonders vertraut, zu Kohlhaas, dem er für den Zettel Freiheit und Leben zusichern, im Notfall sogar zur Flucht verhelfen soll. Aber Kohlhaas, der inzwischen erfahren hat, wer jener Herr gewesen ist, denkt nicht daran, den Zettel herzugeben. Er hat in ihm ein Mittel, sich an dem ungerechten Fürsten zu rächen, und er will diese Rache auskosten. Der verzweifelte Kurfürst macht weitere Versuche. Er schreibt sogar an den Kaiser, von der Klage abzusehen.

Aber jeder Versuch schlägt fehl; er kann Kohlhaas durch kein Mittel veranlassen, seinen Wünschen nachzugeben. Dabei geht der Prozess unerbittlich weiter, in Dresden, wo ein brandenburgischer Anwalt mit Nachdruck die Sache des Kohlhaas gegen Tronka verficht, und in Berlin, wo der kaiserliche Anwalt gegen Kohlhaas auftritt.

Bruchs des kaiserlichen Landfriedens

Wegen Bruchs des kaiserlichen Landfriedens wird er zum Tode durch Enthauptung verurteilt, und da er die Rechtmäßigkeit des Verfahrens und des Urteiles einsieht, macht er auch keinen Versuch, seinen Kopf zu retten. Nach gründlicher Prüfung der Akten setzt der Kurfürst die Hinrichtung auf den Montag nach Palmarum (Palmsonntag) fest.

In einem ritterlichen Gefängnis verlebt Kohlhaas den letzten Teil seines Lebens. Auf kurfürstlichen Befehl ist sein Gefängnis für jedermann geöffnet, viele Freunde besuchen ihn. Zu seiner großen Freude kommt auch ein Abgesandter Luthers zu ihm, der ihm das Abendmahl reicht. Noch immer ergäbe sich die Möglichkeit, sein Leben zu retten. Der Kurfürst von Sachsen ist entschlossen, um den Zettel alles zu wagen. Er versucht sogar über seinen Kämmerer, Kohlhaas durch eine alte Zigeunerin zu betrügen. Sie soll erzählen, dass sie die gleiche sei, die Kohlhaas den Zettel gegeben habe, und diesen von ihm zurückfordern. Aber durch einen unglaublichen Zufall ist er tatsächlich an die richtige Zigeunerin geraten, die Kohlhaas' verstorbener Frau ähnelt (S. 109/15 ff.). Sie warnt Kohlhaas vor dem Kurfürsten und ermahnt ihn, von dem Zettel richtig Gebrauch zu machen, um sein Leben zu retten. Aber Kohlhaas will Rache. Selbst wenn er zum Austausch Zettel – Leben gewillt wäre, fehlt ihm doch noch das Vertrauen zu dem sächsischen Kurfürsten, der schon einmal sein Wort gebrochen hat.

Hinrichtung

So kommt der letzte Tag näher. Nichts gleicht „der Ruhe und Zufriedenheit seiner letzten Tage" (S. 113/16 f.), heißt es. Er hat seine irdischen Dinge geordnet und bestellt. Und während die Stadt noch immer auf eine Begnadigung hofft, kommt der Montag nach Palmarum, „an welchem er die Welt, wegen des allzu raschen Versuchs, sich selbst in ihr Recht verschaffen zu wollen, versöhnen sollte" (S. 113/33 ff.). Als er eben aus dem Gefängnis tritt, begleitet von seinen beiden Knaben und von dem Abgesandten Luthers, des Theologen Jakob Freising, tritt plötzlich der Kastellan des kurfürstlichen Schlosses mit verstörtem Gesicht an ihn heran und reicht ihm ein versiegeltes Blatt, das er von einem „alte(m) Weib" (S. 114/9), der Zigeunerin, bekommen hat, um es Kohlhaas auszuhändigen. Darin steht, dass der Kurfürst von Sachsen anwesend sei, um sich nach seinem Tode den verhängnisvollen Zettel so oder so zu beschaffen. Unterzeichnet ist geheimnisvollerweise mit „Deine Elisabeth" (S. 114/21 f.).

Auf dem Richtplatz sind bereits der Kurfürst von Brandenburg und sein Erzkanzler mit großem Gefolge anwesend. Kohlhaas' eigener Anwalt überreicht ihm den Beschluss des Hofgerichtes zu Dresden. In allen Punkten ist der Klage Kohlhaas' gegen Tronka stattgegeben. Die beiden Rappen sind wieder ehrlich gemacht worden, dick gefüttert und stehen auf dem Platz. Auf den Pfennig genau ist die von Kohlhaas geforderte Entschädigung gezahlt, alle verlorenen Gegenstände sind zurückgegeben. Überdies findet Kohlhaas noch einen Artikel in dem Urteil, nach dem der Junker Wenzel von Tronka zu einer zweijährigen Gefängnisstrafe verurteilt worden ist. Überwältigt von diesem Erfolg seines Rechtshandels erklärt Kohlhaas, dass „sein höchster Wunsch auf Erden erfüllt sei" (S. 115/36).

Erfolg seines Rechtshandels

So wie ihm sein Recht zuteil wurde, ist er auch bereit, dem Kaiser wegen des gebrochenen Landfriedens Genugtuung zu geben. Als er eben an den Block tritt, sieht er in geringer Entfernung den Kurfürsten von Sachsen. Er tritt einen Schritt auf ihn zu, löst die Kapsel von seinem Halse, nimmt den Zettel heraus, entsiegelt und liest ihn, steckt ihn dann in den Mund und verschluckt ihn. Ohnmächtig sinkt der Kurfürst zusammen. Kohlhaas aber wird auf Befehl des brandenburgischen Kurfürsten ehrenvoll begraben, seine Söhne werden zu Rittern geschlagen und in seiner Pagenschule erzogen. Der Kurfürst von Sachsen aber kehrt völlig gebrochen nach Dresden zurück.

2.3 Aufbau

Was den Aufbau der Handlung betrifft, so fällt eine übersichtliche und symmetrisch gegliederte Komposition ins Auge. Man kann drei Partien unterscheiden: Exposition und Geschehen bis zur Belagerung Wittenbergs bilden den ersten Teil; der zweite beginnt mit dem Eingreifen Luthers, der dritte mit dem Eingreifen des Kurfürsten von Brandenburg in das Schicksal der Hauptfigur.[8]

symmetrisch gegliederte Komposition

Der 1. Abschnitt der Novelle gibt in einer allgemeinen Einleitung Ort, Zeit und Umstände des Geschehens an; zugleich steht aber im ersten Satz die berühmt gewordene Formulierung, die den Charakter der Hauptfigur entscheidend festlegt: „einer der rechtschaffensten zugleich und entsetzlichsten Menschen seiner Zeit" (S. 3/3 ff.) – an Kohlhaas wird beispielhaft die paradoxe antike Sentenz *summum ius summa iniuria* „höchstes Recht ist höchstes Unrecht" veranschaulicht. Diese Aussage wird am Ende des 1. Absatzes dem Sinne nach wiederholt: „Das Rechtsgefühl aber machte ihn zum Räuber und Mörder." (S. 3/15 f.)

In rascher Folge werden dann die Ereignisse in ihrem kontinuierlichen Ablauf erzählt, bis auf eine in einer Art Rückblende im dritten Teil nachgeholte Partie der Vorgeschichte (die Geschehnisse um die Zigeunerin bei der Begegnung der beiden Kurfürsten in Jüterbog), die sich auf die am Schluss so bedeutsame Zettelgeschichte bezieht. Der Schluss mit Aburteilung und Hinrichtung des Kohlhaas greift folgerichtig auf das Paradoxon des ersten Satzes zurück. Die drei Stufen, über die sich die Handlung in ihren größeren Teilen erstreckt, sind folgen-

8 Die Gliederung der Inhaltsangabe folgt den drei Stufen, die Hugo Gaudig in: *Aus deutscher Dichtung*. Band XIV. Leipzig und Berlin 1918, S. 193 ff. aufzeigt.

de: der persönliche Rechtsstreit des Kohlhaas, die Fehde mit dem sächsischen Staat und schließlich die Verhandlungen beim Reichsgericht mit der Lösung des Falles durch den Kaiser über den Kurfürsten von Brandenburg. Es ist auffällig, dass sich nach anfänglicher Tendenz zur Raffung des Stoffes nach und nach eine Ausweitung des Erzählgefüges bemerkbar macht. Dadurch wird der Umfang der Novelle bis an die Grenzen des Möglichen innerhalb dieser Gattung ausgedehnt.

Ausweitung des Erzählgefüges

2.4 Personenkonstellation und Charakteristiken

Die Hauptfigur und ihr Rechtsgefühl

Die Charakteristik des Michael Kohlhaas ist mit der Entwicklung der Grundidee der Novelle, dem Kampf um die Wiederherstellung des Rechts, eng verbunden. Es geht hier um das Verhältnis des „Ich" zum „Staat", das nur vom Recht her gesichert sein kann. Schon gleich zu Anfang der Erzählung bemüht sich der Dichter, den Rosshändler als das Gegenteil eines überempfindlichen, verbissenen Querulanten hinzustellen. Ohne Widerwort bezahlt Kohlhaas den unrechtmäßigen Zoll, bleibt bei den Unverschämtheiten des Burgvogtes ruhig und besonnen und fügt sich sogar der unverschämten Forderung, seine Rappen als Pfand für den später einzubringenden Pfandschein zurückzulassen. Den Höhepunkt der Besonnenheit beweist er, als er, im Stillen schon überzeugt von der Schändlichkeit, mit der man ihm mitgespielt hat, dennoch zaudert, etwas zu unternehmen, ehe er Herses Unschuld an der Sache festgestellt hat, denn „ein richtiges, mit der gebrechlichen Einrichtung der Welt schon bekanntes Gefühl machte ihn, trotz der erlittenen Beleidigungen, geneigt, ... den Verlust der Pferde als eine gerechte Folge davon [einer möglichen Schuld Herses], zu verschmerzen." (S. 11/13–19)

Kampf um die Wiederherstellung des Rechts

Wir erhalten also schon zu Anfang der Novelle ein Charakterbild des Mannes, um den es hier geht: Kohlhaas ist das Idealbild eines tüchtigen, rechtschaffenen und frommen Bürgers, der beruflich und menschlich in der Gemeinschaft, in der er lebt, hohes Ansehen genießt. Seiner Frau und seinen

rechtschaffener und frommer Bürger

fünf Kindern ist er ein liebevoller Mann und Vater; wir erfahren, dass er seine Kinder „in der Furcht Gottes, zur Arbeitsamkeit und Treue" (S. 3/10 f.) erzieht. Sein Geschäft blüht; er lebt in solide begründetem Wohlstand auf seinem Meierhof. Wegen seiner Redlichkeit bekannt, besitzt er auch das Wohlwollen der bedeutendsten Männer seines Landes. Auch hat er bis zur Wendung in seinem Leben volles Vertrauen zur landesherrlichen Justiz. Das gleiche Rechtsgefühl, das ihn vorher zum Muster eines guten Staatsbürgers werden lässt, fordert in veränderten Verhältnissen, dass er zum „Räuber und Mörder" (S. 3/16) wird.

Erst nachdem also alle seine legalen Versuche, sein Recht zu fordern, schnöde abgewiesen wurden, leitet Kohlhaas durch den Plan des Verkaufs seiner sämtlichen Besitztümer den Bruch mit seiner bürgerlichen Vergangenheit ein, da er sich und ebenso seine Mitbürger unter den erlebten Umständen als rechtlos erfahren muss.

Der entscheidende Anstoß für des Kohlhaas' weiteres Handeln ist die fortschreitende Isolierung seines Rechtsgefühls. Lange kämpft er geduldig um sein Recht im Vertrauen darauf, dass die Welt trotz ihrer „gebrechlichen Einrichtung" (S. 11/14) im Kern doch so weit intakt sei, dass am Ende das Recht sich durchsetzen müsse. Als er aber statt seines Rechts nur neue Kränkungen erfährt, als „unnützer Querulant" (S. 21/22) abgewiesen wird und schließlich seine Frau bei einem höchst vergeblichen Versuch, ihm sein Recht zu verschaffen, auf tragische Weise umkommt, da fühlt er sich aus der menschlichen Gemeinschaft, dem Staate, ausgestoßen. In ihm ist nicht nur die Empfindlichkeit für die Rechtskränkung stark, ebenso stark sind auch sein Wille und seine Tatkraft, sie nicht zu dulden. Er schafft sich aus eigener Machtvollkommenheit eine kriegerische Stellung, die ihm die Möglichkeit gibt, sein Recht

mit dem letzten Mittel der Politik, mit Gewalt, zu erreichen. Sein Krieg gilt zunächst nur dem Junker. Da sich Kursachsen aber mit seinem Feinde verbindet und ihn schützt, muss Kohlhaas aus strategischen und politischen Gründen notwendigerweise seinen Krieg auch dagegen ausdehnen. Er tut es nur insoweit, als Sachsen seinen gerechten Krieg gegen den Junker behindert. „Der alte Urstand der Natur", wie Schiller es nennt, ist wieder hergestellt, „wo Mensch dem Menschen gegenübersteht". Aber das Rechtsgefühl zwingt Kohlhaas, der sich aus der menschlichen Gemeinschaft verstoßen fühlt, sich eine neue staatliche Grundlage zu schaffen. So macht er sich zum Statthalter des Erzengels Michael (S. 42/6 f.). Wie dieser einst das Verhältnis Gott und Satan, Gut und Böse ordnen half, so will er der völlig aus den Fugen geratenen Welt eine neue Ordnung sichern. So kann er von seiner „provisorischen Weltregierung" (S. 21/16) sprechen. Wenn Kleist das als „eine Art von Verrückung" (S. 21/15) bezeichnet, so meint er damit das Ungeheuerliche des Vorgehens. Keineswegs ist damit des Kohlhaas' Verhalten als pathologisch charakterisiert.
Und hier liegt die Frage: Ist der „Krieg" des Kohlhaas' gerecht? Die Schuld des Kohlhaas liegt letztlich darin, dass er sich sein Recht mit Gewalt sucht. Im Unterschied dazu erfordert ein gerechter Krieg nach der hergebrachten politischen Theorie eine legitime öffentliche Autorität; auch den Tötungen und sonstigen Zerstörungen sollte danach ein den Sachverhältnissen angepasstes Maß gesetzt werden. Luther vermag dessen Meinung von der unbedingten Notwendigkeit dieses Krieges zu erschüttern, indem er Kohlhaas zeigt, dass noch längst nicht alle friedlichen Mittel erschöpft waren, als er ihn begann. Sofort weicht Kohlhaas zurück; er fügt sich selbst auf recht unsichere Zusagen hin wieder in die staatliche Gemeinschaft. Mit pedantischer Genauigkeit deponiert er seine

Rechtsgefühl siegt über sein Temperament

Kriegsbeute bei den Gerichten und geht nach Dresden, um den Prozess fortzusetzen. Erneut siegt das Rechtsgefühl über sein Temperament.

Wieder gerät Kohlhaas in Widerspruch zur Welt, völlig ohne sein Verschulden. Das Recht, das er als „reichs- und weltfreier, Gott allein unterworfener Herr" im Kriege erzwingen wollte und zu dem er nun zurückzukehren glaubt, erweist sich als sehr unzulänglich. Auch Luther hat sich geirrt. Des Kohlhaas' Gedanken, er sei aus der Gemeinschaft verstoßen, nannte er „Raserei" (S. 47/13). Aber die von ihm vermittelte Amnestie wird zum Ausgangspunkt neuer ungeheuerlicher Rechtsbrüche bei offener Unterstützung durch die Staatsgewalt. Der Kurfürst von Sachsen ist nicht stark genug, in seinem Lande das Recht zu wahren. Weil er eine armselige Gestalt ist, herrschen Parteiinteresse und Parteilichkeit in Sachsen. Kohlhaas wird das Opfer von Manipulationen, die man nur betrügerisch nennen kann. Er wird das Opfer der Willkür, der gegen den Wehrlosen gerichteten Gewalt. Da gibt ihm der geheimnisvolle Zettel die Möglichkeit, sich am verbrecherischen Fürsten zu rächen. Aber er denkt keinen Augenblick ernsthaft daran, diese Möglichkeit zu seinem Vorteil zu nutzen. Da er erkennt, dass er tatsächlich gegen den Landfrieden verstoßen, sich gegen das Gesetz des Kaisers als des obersten Herrn im Reiche vergangen hat, ist er auch bereit, das Vergehen zu sühnen. Es geht ihm nicht um sein Leben, noch weniger um seinen Besitz, es geht ihm um das Recht. So wird es ihm wahrhafte Genugtuung, den sächsischen Kurfürsten durch Verweigerung des Zettels zu bestrafen, wenn es ihn auch das eigene Leben kostet.

Opfer von Manipulationen

Am Tag der Hinrichtung erfährt dann Kohlhaas auch richtig die Genugtuung. Der Junker ist verurteilt, nicht nur zum Ersatz allen Schadens, sondern auch zu einer Gefängnisstrafe. Kohlhaas' Kampf war nicht vergeblich. Die Rechtsordnung ist wiederhergestellt. Dass es dazu seines voreiligen Kampfes bedurfte, der ihn ebenfalls in einen Gesetzesbruch verstrickte, erscheint ihm geradezu nebensächlich. Wie selbstverständlich nimmt er die Strafe für seinen Landfriedensbruch auf sich. So wie Herse für die Wiederherstellung der Rechtsordnung während des Treffens bei Mühlberg fiel, so fällt eben Kohlhaas unter dem Beile des Scharfrichters als Kämpfer für das Recht. Und bis zur letzten Stunde bleibt die Einheit der Persönlichkeit des Kohlhaas gewahrt. Er ist der treu sorgende Vater seiner Kinder, der getreue Untertan seines Fürsten, der vertrauensvolle Freund seiner Freunde. Kein menschlicher Wert ist in seinem furchtbaren Kampfe verloren gegangen. Ihm wird geradezu das Glück in den letzten Minuten vor seiner Hinrichtung zuteil, dass ihm „sein höchster Wunsch auf Erden erfüllt" (S. 115/36) wird. Obwohl er selbst sein Leben auf Grund eines gerechten Urteilsspruches verliert, ist er der Sieger in dem Kampf um das Recht. Seine bürgerliche Rechtsauffassung hat sich gegen alle privilegierten Stände und selbst gegen den absoluten, also nicht dem Rechte verpflichteten Monarchen, für den der sächsische Kurfürst steht, durchgesetzt. Im echtesten Sinne der Tragödie ist das Ende des Kohlhaas auch sein Triumph.

Kohlhaas' Kampf war nicht vergeblich

Die Vertreter der Gegenpartei

Der Junker Wenzel von Tronka

Repräsentant des korrupten Rechtsbrechers schlechthin

Als Repräsentant des korrupten Rechtsbrechers schlechthin wird die Gestalt des Junkers von Kohlhaas selbst betrachtet; sie trägt nach seinen eigenen Worten die volle Verantwortung für alles Geschehen. Das zeigt sich in der wütenden Verfolgung des Junkers durch den Rosskamm, das wird besonders auch in Kohlhaas' Haltung der Unversöhnlichkeit und des Nichtvergebenkönnens verdeutlicht, wie er sie hinsichtlich Tronka in den Gesprächen mit seiner Frau und in der Begegnung mit Luther zeigt. – Gleich zu Anfang der Novelle führt der Dichter Wenzel von Tronka im Kreise seiner ebenso korrupten Freunde ein: Er ist ein herrischer und zügelloser Mann, dem jeder Übergriff und jede Unrechtmäßigkeit recht sind, seinen Vorteil zu nützen. Er ist gewöhnt, durch Missbrauch adliger Vorrechte ein Schmarotzerleben zu führen. In diesem Grundzug, das Recht des Mitmenschen für nichts zu achten und seine Würde in den Staub zu treten, ist er der eigentliche Feind des Kohlhaas. Der Dichter lässt keine Gelegenheit aus, Tronka zugleich als einen degenerierten Feigling darzustellen. Ein Höhepunkt in dieser Hinsicht ist die Szene, als er am Arm des Landvogts zu seinem Schutz in die Ritterhaft geführt wird:

„Er [der Landvogt] ... verfügte sich ... in das Haus, wo er den Junker, der aus einer Ohnmacht in die andere fiel, unter den Händen zweier Ärzte fand, die ihn mit Essenzen und Irritanzen wieder ins Leben zurück zu bringen suchten. ... Als man dem Junker ein Wams angelegt, und einen Helm aufgesetzt hatte, und er, die Brust, wegen Mangels an Luft, noch halb offen, am

Arm des Landvogts ... auf der Straße erschien, stiegen gotteslästerliche und entsetzliche Verwünschungen gegen ihn zum Himmel auf." (S. 39/13–31)

Mehr und mehr erweist sich so im Verlauf der Handlung der Junker als jämmerlich, als Gegenstand des Hohnes und der Verachtung; seine Gestalt scheint nicht einmal mehr des Hasses wert zu sein, den Kohlhaas ihm zu Anfang entgegengebracht hat. Dennoch bleibt er die Gestalt, der nicht verziehen wird, da sein Verhalten eine Gefahr für den Einzelnen und für jede bestehende Gemeinschaft darstellt.

Der Kämmerer Kunz von Tronka

Sein Charakter weicht in mancher Hinsicht nicht von dem seines Vetters Wenzel ab. Auch ihm fehlt jedes Rechtsgefühl. Das Recht bedeutet ihm nur ein Mittel zur Verfolgung eigensüchtiger Zwecke, er kennt keinerlei Hemmungen, mit den verwerflichsten und niederträchtigsten Mitteln Recht und Ordnung zu verdrehen und zu missbrauchen. Aber er ist noch weit gefährlicher für eine geordnete Gemeinschaft, weil sein Tun und Lassen von Energie und Festigkeit des Willens bestimmt sind und weil diese an sich löblichen Tugenden niemals auf etwas Gutes gerichtet sind. Was seiner Sippschaft schadet, schlägt er nieder, mag der Staat darüber zugrunde gehen. Seine Missgriffe versucht er auch dann noch zu rechtfertigen, wenn sie als solche erkannt sind. Lieber Unrecht tun als einmal zugeben, dass man Unrecht hat, scheint sein Motto zu sein. Dabei bleibt noch der Eindruck seiner Festigkeit, die sich am deutlichsten in der Szene mit dem Abdecker von Döbbeln und den beiden verkommenen Rappen zeigt. Auch in misslichen Situationen

Energie und Festigkeit des Willens

hält er aus, er weicht nicht vom Platze, bis er zerschlagen fortgetragen werden muss. Ein zweiter charakteristischer Zug ist die Treue zu seinem Kurfürsten, die allerdings unter dem Eindruck der Verwerflichkeit beider steht. Dem Kurfürsten hat er mit der Dame Heloise, seiner Frau, sogar seine Familienehre geopfert, die freilich nicht weit her, die nur noch äußere Form ohne Inhalt ist. Auch dieser Kämmerer Kunz von Tronka ist also seines Vetters Wenzel würdig. Nur unter einem Fürsten von der ungeheuerlichen Unfähigkeit und charakterlichen Minderwertigkeit seines Kurfürsten kann eine solche Pflanze noch gedeihen; sie muss aber das Land, in dem sie wächst, schädigen.

Die Repräsentanten der Macht

Der Kurfürst von Sachsen

In der Kleist'schen Gestalt des Kurfürsten von Sachsen finden wir eine sehr deutliche Abweichung von dem geschichtlichen Vorbild. Der historische Kurfürst von Sachsen war ein kluger, verständiger und geschickter Politiker. Stattdessen zeichnet Kleist in seiner *Kohlhaas*-Novelle einen willenlosen, wankelmütigen, ständig zu Ohnmachten geneigten Mann, unfähig als Landesherr und ohne Einsicht in die Notwendigkeit der Rechtsordnung in einem Staat. Er ist abhängig von höchst zweifelhaften Freunden, die stets ihren eigenen Vorteil, nie aber das Wohl des Landes suchen. Seine persönliche Liebesbeziehung zu der Dame Heloise, der Frau des Kämmerers, die dieser ihm überlassen hat, macht ihn der Sippe der Tronka hörig und verpflichtet. Die verzweifelten Versuche, in den Besitz des Zet-

unfähig als Landesherr

tels aus dem Amulett der Zigeunerin zu kommen, lassen ihn vollends würdelos und menschlich erbärmlich erscheinen. Aus persönlichen Gründen, nicht aus Gründen des Staatswohls, ist er bestrebt, den Kohlhaas zu befreien und sich sogar beim Kaiser um Niederschlagung der Klage gegen diesen zu verwenden, obwohl er ihn kurze Zeit vorher unter zweideutigen Umständen zum Tode verurteilen ließ. Im Hinblick auf dieses Verhalten gilt er dem Kohlhaas - später mehr noch als der Junker - als ärgster Feind, dem es in seiner machthungrigen Egozentrik nicht um Recht, sondern um Willkür geht. Gerade diese Schwäche in der Gestalt des Kurfürsten ist das entscheidende Motiv für Kohlhaas' Hass auf ihn.

Der Kurfürst von Brandenburg

Der Kurfürst von Brandenburg wird nur in wenigen knappen Strichen gezeichnet, aber wir erkennen ihn in jeder Hinsicht als Gegensatz zu dem Sachsen. Auch er ist nicht allgegenwärtig, auch bei ihm ist es möglich, dass sein Erzkanzler aus Rücksicht auf verwandtschaftliche Beziehungen den wohlbegründeten Rechtsanspruch eines Staatsbürgers niederschlägt. Aber diese Rechtsbeugung ist nur möglich, solange der Landesherr nichts davon weiß. Sobald er sie erkennt, setzt er den treulosen Kanzler ab und überträgt das Amt dem Manne seines Vertrauens. Mit äußerster Unerbittlichkeit verfolgt er dann den Rechtsanspruch seines Untertanen, den er schließlich auch, als er die merkwürdigen Umstände seiner Verurteilung erfährt, aus den Händen der sehr zweifelhaften sächsischen Justiz befreit. Er macht aber auch keine Anstalten, Kohlhaas zu begnadigen, als er auf Anklage des Kaisers wegen Landfrie-

äußerste Unerbittlichkeit

densbruch verurteilt wird. In keiner Weise lässt er sich dabei von der öffentlichen Meinung, die dem Kohlhaas günstig ist, beeinflussen. Dabei weiß er aber scharf die Forderung des Rechtes von seinen Sympathien zu trennen. Er muss den Kohlhaas richten lassen, um dem verletzten Recht, dem Gebote des Kaisers Genüge zu tun. Menschlich aber kann er dem Verurteilten alle Sympathie erweisen. Seine Söhne schlägt er sofort nach der Sühne des Vaters zu Rittern und lässt sie auf seiner Pagenschule erziehen. Dem entsühnten Kohlhaas erweist er die Ehre eines anständigen Begräbnisses.

Die Randfiguren

Reformator Luther

Die Bedeutung der Randfiguren wird von der Grundidee der Novelle her motiviert. Dem Reformator Luther gibt Kleist eine kurze, aber entscheidende Rolle in der Handlung der Novelle. Der Dichter charakterisiert ihn mit wenigen Strichen: einmal durch die schriftlichen Anschuldigungen gegenüber Kohlhaas in seinem Manifest und weiterhin durch seine Worte und Gebärden während der von Kohlhaas erzwungenen persönlichen Begegnung. Die Zurechtweisungen des Mannes, den Kohlhaas verehrt, treffen ihn doppelt hart, weil er sie als ungerechtfertigt empfindet. Im Manifest und bei der persönlichen Begegnung fällt auf, wie wenig die Kleist'sche Luthergestalt – der historische Luther hat sich anders verhalten – die Belange des Kohlhaas versteht. Luther nennt seinen leidenschaftlichen Rechtskampf einen „Kitzel schnöder Selbstrache" (S. 44/7) und spricht in seinem Manifest von „einem Streit um ein nichtiges Gut" (S. 43/35); beide Männer reden bei ihren Begegnungen später ebenso aneinander vorbei. Luther zeigt nicht einmal das

Bemühen, Kohlhaas' Motive zu verstehen; seiner klaren Definition:

> *„Verstoßen ... nenne ich den, dem der Schutz der Gesetze versagt ist! Denn dieses Schutzes, zum Gedeihen meines friedlichen Gewerbes, bedarf ich; ... und wer mir ihn versagt, der stößt mich zu den Wilden der Einöde hinaus; er gibt mir, wie wollt Ihr das leugnen, die Keule, die mich selbst schützt, in die Hand."* (S. 47/17–25)

weicht er aus, indem er mit den Worten sophistisch spielt und den Sinn der Rede verdreht. Stattdessen versucht er, Kohlhaas auf die Bahnen christlicher Nächstenliebe zu lenken – er rät ihm, dem Junker um seines Erlösers willen zu vergeben und Gehorsam gegenüber dem Landesherrn zu zeigen. Da Kohlhaas den Rat nicht befolgen kann noch will, versagt Luther ihm den Trost des Sakraments. – Wir wissen, dass der in der Hafftiz'schen Chronik angeführte Lutherbrief anders lautet; Milde und Verständnis bestimmen dort den Ton. Auch hat Luther dem Kohlhaas das Sakrament dort nicht verweigert.

Frau Lisbeth

In der Nähe zu Kohlhaas steht seine Frau Lisbeth, die, obwohl zu Anfang einer Meinung mit ihrem Mann im Hinblick auf den Rechtsbruch auf der Tronkenburg, diesem jedoch in der weiteren Verfolgung der Sache nur so weit folgen kann, wie es die Haltung eines Christenmenschen verlangt. Auf ihrem Sterbebett bittet sie Kohlhaas, dem Junker zu vergeben – eine Forderung, die dieser ebensowenig erfüllen kann wie später die Forderung Luthers. – Geheimnisvoll wird die Gestalt der Lisbeth erst nach ihrem Tode, als sie – auf eine unerklärliche Weise – in der Gestalt der Zigeunerin auf die Welt zurückgekehrt zu sein scheint, ein mysteriöser Zug der Novelle, den

Kleist zu glauben oder nicht zu glauben dem Leser freistellt. Es kann gedeutet werden, als werde Kohlhaas' Rechtskampf aus höheren Sphären gewissermaßen bejaht.
Wir stellen fest, dass Kleist in seiner Charakterzeichnung von einer unbedingten Schwarz-Weiß-Malerei absieht. Selbst am sächsischen Hof, wo die Ungerechtigkeit so stark dominiert, treten zwei Gestalten auf, deren Charakter untadelig ist: der von großem Rechtsbewusstsein durchdrungene Großkanzler Graf Wrede und der mit besonderem Wohlwollen dargestellte tapfere und rechtlich denkende Prinz von Meißen. Bei ihnen wie auch bei dem brandenburgischen Stadthauptmann und späteren Erzkanzler von Geusau erhält Kohlhaas' Rechtsverlangen volle Zustimmung.
Aus Kohlhaas' engerer Umgebung ist außerdem der freundliche und uneigennützige Amtmann zu nennen, der ihm in seiner letzten Stunde beisteht, seinen letzten Willen entgegennimmt und seine Söhne betreut. Eingehender noch wird die Gestalt des treuen Dieners Herse charakterisiert; sie spielt eine wesentliche Rolle in der Schlüsselszene des Verhörs und repräsentiert in der Gesamthandlung der Novelle die absolute Ergebenheit und Treue gegenüber seinem Herrn.

2.5 Sachliche und sprachliche Erläuterungen

Personen

Außer den Namen Kohlhaas und Nagelschmidt und denen der beiden Kurfürsten sind alle in der Novelle vorkommenden Namen von Kleist erfunden. Dabei finden sich gelegentlich Anlehnungen an die Quellen, an Kleists persönlichen Bekanntenkreis und an literarische Vorbilder.

Christiern von Meißen: Merkwürdig ist die scheinbar altertümliche Form des Vornamens. Er kommt vor in Nicolaus Leutingers *Opera omnia*, kurz vor der Wiedergabe der Kohlhase-Geschichte. Wahrscheinlich hat Leutinger in der alten handschriftlichen Vorlage „a" für „er" gelesen, eine leicht mögliche Verwechslung. Kleist muss besonderen Gefallen an diesem scheinbar altertümlichen, in Wirklichkeit niemals vorgekommenen Namen gefunden haben, da er ihn seiner Lieblingsfigur, dem als besonders gerecht und ehrenwert gezeichneten Prinzen von Meißen, gibt.

Hauptmann Gerstenberg: auch „von G." genannt. Wohl Anlehnung an den von Kleist geschätzten Dichter des *Ugolino*, Heinrich Wilhelm Gerstenberg.

Heinrich und Leopold: die erfundenen Söhne des Kohlhaas, nach dem Dichter selbst und seinem jüngeren Bruder genannt.

Hinz und Kunz: Die sprichwörtlich zur Bezeichnung bedeutungsloser Allerweltsgestalten benutzten Namen sind absichtlich humoristisch gebraucht, um die betrügerischen Junker um so verächtlicher erscheinen zu lassen.

Kohlhaas: statt „Kohlhase" der Chronik. Kleist gibt ihm statt des Vornamens Hans den des Erzengels Michael, des ersten

Streiters für göttliches Recht. Als seinen Statthalter bezeichnet sich Kohlhaas, als Zeichen führt er das Cherubsschwert.

Graf von Königstein: nach dem Städtchen im Elbsandsteingebirge mit der 1589–1731 erbauten Festburg. Ein sächsisches Grafengeschlecht dieses Namens hat es nie gegeben.

Jagdjunker vom Stein: Wohl kaum Erinnerung an den Reichsfreiherrn Friedrich Karl vom und zum Stein. Wahrscheinlich hat Kleist an seinen wohlwollenden Freund und Förderer Karl Freiherr von Stein zu Altenstein gedacht.

Sternbald: Der Knecht des Kohlhaas, dem er besonders vertraut. Man hat eine Anlehnung an Tiecks *Franz Sternbalds Wanderungen* vermutet, so wie die „Dame Heloise" an Rousseaus *Neue Heloise* angelehnt sein mag.

Tronka: erfundener Name. Man glaubt, dass Kleist ihn als polnisch klingend und gewöhnlich empfand. In der Chronik heißt der Junker, der Kohlhase herausfordert, Günther von Zaschwitz. Kleists Junker hat den slawischen Vornamen Wenzel, in seiner Gesellschaft befindet sich aber bei der entscheidenden Begegnung mit Kohlhaas ein Vetter Gunter.

Bei Namen wie „Olearius", „Herse" und „Elisabeth" wurde mit ziemlicher Sicherheit eine gewisse Abhängigkeit von Goethes *Götz von Berlichingen* vermutet.

Wenk: Der Name kommt zweimal vor. Man hat einen Zusammenhang mit dem Namen des Historikers Friedrich A. W. von Wenk vermutet, der Kleist am 30. 8. 1800 in Leipzig immatrikulierte. Es wäre freilich eine gewisse Unfreundlichkeit des Dichters, denn vor allem der Schlosshauptmann Siegfried von Wenk ist ein recht zweifelhafter Charakter und spielt eine üble Rolle.

Graf Wrede: Vielleicht dachte Kleist, als er diesen Namen einführte, an den späteren Marschall, der 1809 von Napoleon in den Grafenstand erhoben wurde. Im 16. Jahrhundert gab es kein Grafengeschlecht dieses Namens.

Ortsnamen

Während der Dichter die Personennamen also ziemlich frei erfindet, ist er bei den Ortsnamen verhältnismäßig genau vorgegangen. Die vorkommenden Stadt- und Dorfnamen lassen sich noch heute auf einer guten Karte oder in einem Handatlas verfolgen. Es handelt sich durchweg um Orte, die Kleist von seinen Reisen recht gut kannte, zum Teil hat er die Gegenden, die er benennt, mehrfach durchreist.

Damerow: zur Zeit Kleists ein Rittergut bei Havelberg.
Erlabrunn: von Kleist erfunden.
Brandenburg: Man hat bezweifelt, dass Kleist diese Stadt jemals besucht hat, da er sonst nicht dem Irrtum verfallen wäre, ihr eine Mineralquelle zuzuschreiben.
Lützen: Städtchen bei Merseburg am Floßgraben, bekannt geworden durch die Schlacht zwischen den Kaiserlichen Wallensteins und den Schweden Gustav Adolfs, der dabei fiel (1632).
Mühlberg: im Regierungsbezirk Merseburg, an der Elbe. Kleist wählte diesen Ort als den des größten Treffens zwischen Kohlhaas und den sächsischen Truppen, weil er als Schlachtort bekannt war. Am 14. 4. 1547 besiegte dort Karl V. den Kurfürsten Johann Friedrich von Sachsen und zerschlug damit den Schmalkaldischen Bund. Die Hafftiz'sche Chronik erwähnt den Ort nicht.
Pleißenburg: früheres burgähnliches Gebäude in Leipzig, in dem Luther 1519 seine Disputation mit Eck abhielt.
Wittenberg: war bis 1547 kursächsische Residenz.

Münzen und Maße

Groschen: 24 machen einen Taler; von spät-lat. „grossus", also dicke Münze. Aus Kupferblech geprägt.

Goldgulden: ältere Goldmünze im Werte von etwa 0,66 Taler. Im 16. Jahrhundert bereits reine Verrechnungsmünze.

Elle: Naturmaß. Es gab in Deutschland etwa 100 Ellenmaße, die zwischen 0,495 und 0,779 m schwankten.

Ausdrücke aus dem Rechts- und Verwaltungsleben

„das Abendmahl darauf nehmen": zeitgenössische Bekräftigungsformel, die auf einem mittelalterlichen Rechtsbrauch beruht: Es handelte sich um eine Art Gottesurteil, um die Wahrheit einer Aussage zu beweisen. Grundlage war der Glaube, dass derjenige, der nicht die Wahrheit vor Gericht sagte, sündig war und deshalb beim Empfang der Hostie dem göttlichen Zorn verfiel (vgl. 1. Kor. 11, 29 f.).

Argument: Beweismittel.

Amnestie: Straffreiheit, Erlass einer verhängten Strafe.

Deklaration: Erklärung.

Deposition: Hinterlegung von Wertsachen oder Geld bei einer amtlichen Stelle.

Edikt: Erlass.

Geleit, freies: Nach mittelalterlichem Rechtsbrauch der von der Obrigkeit gewährte Schutz, unter dem der Geleitete ungefährdet vor Gericht erscheinen und nach Ende der Verhandlung wieder unangefochten abziehen durfte.

Gubernium: allgemein Verwaltung, hier Statthalterei. Die Bezeichnung wird verallgemeinernd auch für das Gebäude, in dem die Behörde untergebracht ist, gebraucht.

Gubernial-Offiziant: Beamter der Statthalterei.

Gubernial-Resolution: Bescheid der Statthalterei.
Information: Auskunft.
Insinuation: geheimer Einspruch, geheime Veranlassung einer höheren Stelle.
Instruktion: Anweisung.
Kammergericht: Der zur Verbesserung der Rechtspflege in der Mark Brandenburg 1516 eingerichtete Gerichtshof für die höheren Stände, der gleichzeitig die Oberaufsichtsbehörde und höchste Instanz für alle übrigen Gerichte bildete.
Konklusum: Beschluss, Bescheid.
Kontrakt: Kaufurkunde.
Kriminalhandlung: gerichtliche Verhandlung über ein Verbrechen.
Landdroste: Amtshauptmann, der oberste Beamte eines Bezirkes.
Landfrieden: Der innere Friede, der nach dem Aufhören des Fehderechtes durch die von Kaiser Maximilian I. im Jahre 1495 erfolgte Verkündigung des „ewigen Landfriedens" für ganz Deutschland eintrat. Es dauerte freilich Jahrzehnte und erforderte viele Kämpfe, bis er durchgesetzt wurde.
Mandat: obrigkeitliche Anordnung. Wenn Kohlhaas Mandate erlässt, fühlt er sich als Landesherr, als Regent einer selbstständigen Macht.
Note: amtliche schriftliche Mitteilung eines Staates an den anderen.
Okular-Inspektion: Besichtigung.
Patent: von lat. *patere* = offen stehen; ein Erlass der Obrigkeit, auch Freibrief.
peremtorisch: unwiderruflich, endgültig.
Präliminar-Maßregel: vorläufige Maßregel.

Privilegien: einem Einzelnen oder einer Gemeinschaft, Stadt, Adel, von der Verfassung oder vom Landesherrn zugestandene Vorrechte.
Polizeioffizianten: Polizisten.
Querulant: prozesssüchtiger Mensch, Stänker.
rabulistisch: rechtsverdrehend, spitzfindig argumentierend.
Rechtsinstanz: Gericht.
Requisition: Anforderung.
Reskript: Zuschrift, Erlass.
Resolution: Entscheid, Beschluss.
Ritterhaft: besseres Gefängnis für Leute vom Adel. Auch „Herrenzwinger" genannt.
Spezifikation: genaues Verzeichnis. Dazu das Verbum „spezifizieren".
stipuliert: vertraglich festgesetzt.
Supplik: Bittschrift.
Tribunal: Gerichtshof.

Seltene Ausdrücke und Wendungen

Abdecker: Nach mittelalterlicher Rechtsanschauung war der Abdecker oder „Schinder", wie er auch hieß, weil er den ihm zufallenden, verendeten Tieren die Haut abziehen, sie schinden musste, unehrlich. Er war nicht rechtsfähig, und alles, was er besaß oder berührte, galt ebenfalls als unehrlich. Waren die Pferde einmal in seinem Besitze, so konnten sie nie wieder in den eines ehrlichen Mannes kommen, es sei denn, sie wurden auf landesherrliche Anordnung durch ein kompliziertes Verfahren wieder ehrlich gemacht. Das tat man nur ungern, und dem wieder ehrlich gemachten Besitz haftete doch ein Makel an.

abludern: töten, bei kranken und alten Tieren, um das „Luder", das Aas, von den Knochen zu lösen und für Zwecke der Abdeckerei zu verwerten.

König Arthur: eigentlich Artus. Sagenhafter britischer König des 6. Jahrhunderts. Zu Kaerllion in Wales hielt er Hof. Die 12 tapfersten Ritter bildeten seine Tafelrunde. Regelmäßig schickte sie König Artus auf Abenteuer aus, die sie später in der Tafelrunde zu erzählen hatten. Zahlreiche Epen des Mittelalters wie Hartmann von Aues *Erec* und *Iwein* und Wolfram von Eschenbachs *Parzifal* und *Titurel* gehen stofflich auf den Sagenkreis um Artus zurück. – Bei Kleist meint seine Erwähnung durch den Junker von Tronka freilich nur einen Märchenkönig, der über sagenhafte Reichtümer verfügt.

Baracken: bei Kleist noch nicht wie heute primitive Behelfsbauten, sondern Elendswohnungen, armselige Hütten. Beim Überfall auf die Tronkenburg lässt Kohlhaas zuerst die Baracken, die Hütten der Gutsarbeiter in der Nähe der Burg, niederbrennen, um die Verwirrung zu erhöhen.

Blesse: heller Stirnfleck oder -streifen bei Pferden.

Cherubsschwert: großes, dekorativ aufgeputztes Schwert, das bei festlichen Anlässen vorangetragen wurde. Oft war die Klinge vergoldet. Der Name erinnert an die Cherubim, Engel, die nach dem Sündenfall des ersten Menschenpaares als Wächter mit flammender Schwertklinge den Weg zum Paradies versperren (vgl. Genesis 3, 24).

„tüchtiges Element in der Brust des Mordgesellen": sein gesundes Rechtsempfinden.

Fähnlein: kleine militärische Einheit aus 10–15 Rotten zu je 30–40 Mann. 10–15 Fähnlein ihrerseits bildeten ein Regiment.

Famulus: von lat. *familia*. Ein Student, der in der Hausgemeinschaft des Professors lebt und ihm bei seinen Arbeiten zur Hand geht.

Fonds: Geldmittel, festliegende Summen.

Gemeinheit: „Die Gemeinheit der Menschen": die ganze menschliche Gesellschaft. Alte Formel: „Bürgermeister, Rat und Gemeinheit der Stadt".

Gervasius: der Tag des heiligen Gervasius ist der 19. Juni.

Grobian: zum ersten Male in Zeningers „Vocabularius theutonicus" 1482 belegt. Bezeichnet einen unflätigen, ungebildeten Menschen. Sebastian Brants *Narrenschiff* 1494 machte St. Grobianus zum scherzhaften heiligen Schutzpatron aller Flegel und Rüpel. Von dem lateinisch geschriebenen Jugendwerk Friedrich Dedekinds, dem *Grobianus*, 1549, ausgehend, hat sich im 16. und Anfang des 17. Jahrhunderts eine umfangreiche „grobianische" Literatur aus parodierten Tischzuchten und Anstandslehren entwickelt.

Irritanzen: Reizmittel, kräftig riechende Auszüge (Essenzen) aus Heilkräutern, mit denen man Ohnmächtige zu beleben suchte.

Konjekturen, politische: Erörterungen verschiedener politischer Möglichkeiten und Aussichten.

Levante: Orient.

Meierhof: größerer Pachthof.

Muhme: veraltet für Tante.

Mundlack: ein primitiver Siegellack, der ohne Erhitzen durch Befeuchten im Munde weich gemacht wurde und an der Luft schnell wieder erhärtete.

Pagenschule: auch Pagerie genannt. Schule für adlige Knaben, die für den höfischen Dienst vorbereitet wurden. In Preußen und Sachsen gab es solche Schulen nicht, man nahm für den Pagendienst ältere Kadetten. Zur Zeit des historischen Kohlhase gab es weder Pagerien noch Kadettenanstalten.

Polen und Türken: Soliman II., der 1529 vergeblich versuchte, Wien zu erobern, führte auch Krieg gegen Siegmund I. von Polen.

Presshafte: eigentlich Bresthafte, mit „bresten" = Gebrechen Behaftete.

Rampe: Auffahrt vor dem Haus oder Schloss.

Rosskamm: spöttische Bezeichnung für einen Pferdehändler mit leicht verächtlichem Unterton. Nach der Gewohnheit dieser Händler, durch Strähnen, Striegeln und Kämmen die Pferde so herauszuputzen, dass Kauflustige angelockt, wenig Sachkundige vielleicht getäuscht werden.

Runge: niederdeutsch: die von der Achse ausgehende Stütze der Wagenleiter.

Scherge: ursprünglich Scharmeister, Anführer einer kleinsten Einheit, später allgemein für Polizei- und Gerichtsdiener.

Schweißfuchs: blutrotes Pferd. Schweiß bedeutet in der Weidmannssprache Blut.

Sielzeug: die Zugriemen der Pferde.

Spiegelfechterei: ursprünglich ein Jahrmarktskunststück der Schaufechter, die auf Stoß und Hieb regelmäßig die Abwehr oder die Gegenwehr vorführten. Dann allgemein für Scheinhandlung.

Sibylle, römische: Nach antikem Glauben waren Sibyllen Frauen, die den Willen der Götter und damit die Zukunft der Menschen weissagten. Die berühmteste war die römische Sibylle Amalthea, die die berühmten *Sibyllinischen Bücher* verfasst haben soll. Sie spielten in der späteren Zeit eine große Rolle, ein Kollegium von etwa 12 angesehenen Männern hatte in allen Staatsangelegenheiten diese Bücher zu befragen.

unreichliche Antworten: knappe Antworten.

Würgeengel: durch magische Mittel geschaffener Bannkreis, in den man Menschen oder Geister hineinzaubern kann und aus dem sie nur auf das Wort des Hexenmeisters befreit werden können.

Textliche Erläuterungen

(in der Reihenfolge, in der die Stellen im Text auftreten)

„Wenn der Baum im Walde stehen geblieben wäre, wär's besser für mich und Euch": Wenn der alte Herr noch lebte, so hätten wir nicht die Scherereien durch die Schikane des jungen Herrn.

„filzige Geldraffer" und „nützliche Aderlässe": der Burgvogt ahmt die Verachtung seines Junkers für den Händler nach. Er meint, man müsse Leute seines Schlages „zur Ader lassen", ihnen möglichst viel Geld abnehmen.

„wegen aufkeimender Pferdezucht": Kohlhaas vermutet, dass die sächsische Regierung die Einfuhr von Pferden mit einer Art von Schutzzoll belegt hat, um der einheimischen Pferdezucht bessere Absatzmöglichkeiten zu sichern.

„der dickmäulige Burgvogt": der großsprecherische, großmäulige B.

„er war vor der Schranke der eigenen Brust": ein Bild aus dem Rechtsleben. Kohlhaas hat in seiner Brust gewissermaßen die Gerichtsschranke errichtet, um Recht und Unrecht genau abzuwägen.

„die gebrechliche Einrichtung der Welt": die Unvollkommenheit aller menschlichen Satzungen, darüber hinaus aber ebenso die Unfähigkeit der Menschen, sich den Segen vernünftiger Satzungen zunutze zu machen.

„abgekartetes Spiel": durch betrügerische Manipulation beim Mischen und Geben kartete man das Spiel im Voraus ab, verteilte also die Karten so, dass der Gewinner feststand. Auch heute noch beliebte sprichwörtliche Wendung für Handlungen, bei denen die unabhängige Entscheidung durch vorher gefasste Absprachen unauffällig ausgeschaltet werden soll.

„dass er der Welt in die Pflicht verfallen": dass er berufen sei, der Welt das Vorbild zu geben. Hier kündigt sich zum ersten Mal der später so stark hervortretende missionarische Zug im Streben des Kohlhaas an, der durch seinen Rechtshandel die Ordnung der ganzen Welt gestört glaubt, sich selbst als Statthalter des Erzengels Michael, des Streiters für Gott wider Luzifer, bezeichnet und fühlt.

„indem er die Stimme fallen ließ": leiser sprach.

„in Pausch und Bogen": eigentlich: in Bausch und Bogen. Bausch ist das an der glatten Grenze Heraustretende, dazu das Verbum „aufbauschen"; Bogen sind nach innen gezogene Grenzen. Die alliterierende sprichwörtliche Redensart meint: ohne genaue Grenzen anzugeben, ohne die Einzelheiten zu berücksichtigen.

„nicht würdig": bei Kleist fast immer in der Bedeutung unwert, wertlos, von geringem Wert, auch übertragen: bedeutungslos.

„mit empfindlich feierlicher Stimme": mit einer Stimme, die deutlich die innere Empfindung in dem feierlichen Augenblick erkennen ließ.

„entblößt von aller Notdurft": Ihm fehlte das Notwendigste.

„mit einer Art von Verrückung": auf eine verrückte, verworrene Weise; „verrückt" hier im Sinne von „vom üblichen Platze ‚fortgerückt'". Es hat nichts mehr mit der heutigen Bedeutung des Wortes gemein.

„zur Wissenschaft des Volkes": zur Kenntnis.

„die Ordnung des Staates sei so verrückt": verkehrt, aus den Fugen geraten, erschüttert: Das Recht ist nicht mehr am rechten Platz.

„seines Feindes Ferse zu verwunden": die sprichwörtliche Achillesferse. Nach der Sage war Achilles, den seine Mutter Thetis in Feuer, nach anderer Fassung im Flusse Styx badete, unverwundbar, außer an der Ferse, an der ihn die Mutter bei diesem Bade gehalten. In diese Ferse traf der Pfeil des Paris und tötete ihn.

2.6 Stil und Sprache

Wenn es auch schwierig, ja letztlich unmöglich ist, den Gattungsbegriff der Novelle eindeutig zu definieren, so lassen sich doch einige formale Merkmale aufzeigen, die für die „Novelle" charakteristisch sind. Wir beziehen uns hier bei den folgenden Definitionsversuchen auf die Arbeiten von Robert Petsch.[9]

Die Novelle ist als ein „Mittelding zwischen Kurz- und Langerzählung" anzusehen, ihr Inhalt sind „Vorgänge"; die Kunst des Novellendichters äußert sich in einer gewissen Knappheit der Darstellung. Dennoch können die Vorgänge sich „leicht über längere Zeiträume ausdehnen" und so „mehrere Gipfel" hervorbringen. Die Novelle ist demnach „linear ausgedehnt", ist aber auf den „Entwicklungsraum eines einzigen Hauptmotivs" beschränkt. Sie „verlangt raschen Einsatz, eine sprungweise, doch hinreißende innere Entwicklung und einen knappen, vielsagenden Abschluss, alles im Gegensatz zu den eigentlichen Langformen."[10] Sie steht dem Drama nahe.

Novelle: ein einziges Hauptmotiv

Diesem Katalog formaler Novellenmerkmale wird man zustimmen, wenn man an Kleists *Kohlhaas* denkt. Entsprechend seiner besonderen gestalterischen Eigenart ist das dramatische Element besonders stark hervortretend, wie Benno von Wiese betont: „Einen dramatischen Aufbau wird man weit gehend zugeben müssen."[11] Man kann allerdings nicht so weit gehen, wie es gelegentlich geschieht, das Werk als Inhaltsangabe eines Dramas zu bezeichnen. Hier handelt es sich um eine novellistische, wenn auch dramatisch gegliederte Begebenheit,

9 Robert Petsch: *Epische Grundformen*. In: GRM 16. Heidelberg 1928, S. 379 ff.
10 Ebd.
11 Benno v. Wiese: *H. v. Kleist. Michael Kohlhaas*. In: B. v. Wiese: Die deutsche Novelle. Düsseldorf: August Bagel Verlag, 1956, S. 47–63.

die ja gerade dadurch dem spezifischen Charakter der Novelle gerecht wird.
Man braucht nur an Szenen zu denken wie die, in der Kohlhaas auf dem Hof der Tronkenburg dem übermütigen Junker, seinem betrunkenen Gefolge und seinen aufgeblasenen Dienern, dem Verwalter und dem dicken Burgvogt gegenübersteht oder an die bewegte Volksszene auf dem Marktplatz von Dresden mit dem Abdecker von Döbbeln und dem Kämmerer als wirkungsvollen Gegenspielern. Dramatisch sind auch, um einzelne Szenen herauszugreifen, das Verhör Herses durch Kohlhaas und seine Frau und die Begegnung mit Luther. Nirgendwo gibt es ein Verweilen, immer drängt die Handlung vorwärts. Aber der epische Grundcharakter wird durch diese starken dramatischen Elemente nicht aufgehoben. Keine Gestalt ist von vornherein festgelegt, jede wird erst im Verlaufe des Geschehens Schritt für Schritt entwickelt. Dabei ist der im Untertitel geforderte Anspruch „Aus einer alten Chronik" gewahrt. Jedes Moment der Handlung wird mit einer Genauigkeit und gleichzeitig einer Beschränkung auf die Sache selbst dargelegt, die denen einer geschichtlichen Arbeit entsprechen. Wo er rascher fortschreitet, verweist der Dichter auf angebliche historische Quellen.

dramatische Elemente

In der Absicht, dokumentarisch genau zu erzählen, greift Kleist oft zu verkürzten Sätzen. Er bevorzugt Latinismen, wie sie alte Chronisten und Juristen brauchen, er nähert sich der altertümlichen Kanzlei- und Rechtssprache an. So treten sehr häufig Partizipialsätze aller Art auf, vor allem die im Deutschen sonst nicht üblichen adverbialen Partizipien. Dazu kommt eine ungewöhnliche Häufung von Nebensätzen, so dass schon diese

Sprache

beiden Besonderheiten eine eigene Interpunktion notwendig machen. Da heißt es etwa:

> *„Gegen Mittag begab sich Kohlhaas, von seinen drei Landsknechten begleitet, unter dem Gefolge einer unabsehbaren Menge, die ihm aber auf keine Weise, weil sie durch die Polizei gewarnt war, etwas zu Leide tat, zu dem Großkanzler des Tribunals, Grafen Wrede."* (S. 59/10–14)

Die verschiedensten Satzteile werden aneinander gereiht und miteinander verknüpft, der einzelne Satz birgt eine Fülle von Aussagen. Der Ausdruck wird auf die kürzeste Formel gebracht. Das Geschehen drängt eben derartig fort, dass möglichst viel an Aussagen in den einzelnen Satz gepresst werden muss.
Das häufigste Mittel ist so die syntaktische Verkürzung. Kleist wählt zwei Wege, zum einen die Abkürzung durch nominale Formen, zum anderen die Zusammenfassung der aufeinander folgenden Aussagen in Nebensätzen. Oft sind die verschiedenartigsten und dabei entscheidenden Wendungen in knappen Nebensätzen wiedergegeben. Als Beispiel diene folgender Satz:

> *„Die Flamme, die bei einer zum Glück ziemlich ruhigen Sommernacht, zwar nicht mehr als neunzehn Häuser, worunter gleichwohl eine Kirche war, in den Grund gelegt hatte, war nicht sobald, gegen Anbruch des Tages, einigermaßen gedämpft worden, als der alte Landvogt ... bereits ein Fähnlein von funfzig Mann aussandte, um den entsetzlichen Wüterich aufzuheben."* (S. 36/30–37/1)

Kein Attribut, kein Beiwort ist überflüssig. Die Sprache ist auf die kürzeste Form gebracht und selbst dort, wo anscheinend nur begleitende und weniger wesentliche Umstände erzählt werden, wird deren Bedeutung an späterer Stelle deutlich. Die wesentlichen Dinge sind oft in einem Nebensatz ausgedrückt, der sich dennoch notwendig aus der dramatischen Situation ergibt. Erst wenn man die Novelle als Folge von Einzelszenen sieht, erkennt man die Eigenart dieses Stils. Oft zitiert wurde in diesem Zusammenhang die Hinrichtung des Kohlhaas. Der Dichter hat dafür eine glänzende Szene aufgebaut mit dem Volk als weitem Rahmen, dem glanzvollen brandenburgischen Kurfürsten mit Gefolge auf der einen Seite als dem wahren Repräsentanten des Sieges der Gerechtigkeit, Kohlhaas mit seinem Freund und seinen Knaben als rührende tragische und dabei doch familienidyllische zentrale Gruppe in der Mitte, wo das Schafott und die anderen Attribute den düsteren Ernst der für Kohlhaas doch so sieghaften Stunde andeuten, und dem verkleideten Kurfürsten von Sachsen auf der anderen Seite. Und während nun Kohlhaas seine Rache an dem sächsischen Feind vollzieht, dieser ohnmächtig zusammensinkt und das Volk abgelenkt ist, erzählt Kleist: „Kohlhaas aber, während die bestürzten Begleiter desselben sich herabbeugten, und ihn vom Boden aufhoben, wandte sich zu dem Schafott, wo sein Haupt unter dem Beil des Scharfrichters fiel." (S. 117/6–10) Ein Nebensatz erfasst den Kern des Geschehens, aber durch diesen syntaktischen Kunstgriff wird der Tod des Kohlhaas noch einmal in seinen sämtlichen Zusammenhängen, wie sie sich aus der Führung der Handlung ergaben, erklärt.

Folge von Einzelszenen

Dramatisch ist auch die Antithese, die doppelte Möglichkeiten offen lässt und damit die dramatische Spannung erhöht. Schon im ersten Satz wird Kohlhaas als „einer der rechtschaffensten zugleich und entsetzlichsten Menschen seiner Zeit" (S. 3/3 ff.) bezeichnet. Hier eröffnet sich eine Fülle von Möglichkeiten in zwei Rich-

Antithese

tungen. Das Rechtsgefühl, also ein sittlicher Wert, macht ihn zum Räuber und Mörder, zum Verbrecher. Diese Antithese ist nur in einem großen Prozess, in dem letzte Werte gegeneinander gewogen werden, zu lösen, wenn diesem „sonderbaren und nicht verwerflichen Manne", den Kleist einmal als den „armen Kohlhaas", dann wieder als den „rasenden Mordbrenner" bezeichnet, Gerechtigkeit werden soll.
Die einzelnen Gestalten erwachsen vor dem Leser in dem Maße, in dem sie für die Handlung bedeutsam werden. Dabei wendet Kleist manchmal Attribute an, die sie sofort charakterisieren: „der dürre Junker", „der Dickwanst" (Schlossvogt), „dieser würdige Mann" (Geusau), „einen so rechtschaffenen Mann" (Prinz Christiern). Für gewöhnlich aber werden die Gestalten durch ihre Handlungen indirekt charakterisiert. Bei dem Ritt nach Erlabrunn ersteht so als reine Episodenfigur und doch in aller Plastik der Stiftsvogt vor dem Leser:

> *„Ein kleiner, alter, schneeweißer Mann, [der,] grimmige Blicke auf Kohlhaas schießend, sich den Harnisch anlegen ließ, und den Knechten, die ihn umringten, mit dreister Stimme zurief, die Sturmglocke zu ziehn."* (S. 34/28–32)

Nicht ohne Ironie ist dieses mutige, streitbare und ach so hilflose Männchen, das nie wieder auftritt, zu einer vollendeten Charakterrolle gestaltet. Der Eindruck, den die Äbtissin auf Kohlhaas macht, den sie doch „in die Hölle unbefriedigter Rache" (S. 35/8) zurückschleudert, drückt Kleist in den Bezeichnungen, die er ihr gibt, aus. Erst heißt sie die „Äbtissin" (S. 34/26), dann die „Stiftsfrau" (S. 34/32 f.) und zuletzt die „Dame" (S. 35/13). Vor dieser rückt Kohlhaas immerhin den Hut. Das Mittel der Ironie wird übrigens öfter zur Charakterisierung von Personen und Situationen genutzt.

Mittel der Ironie

So spricht Graf Wrede in der Unterredung, die der Amnestierung des Kohlhaas vorangeht, sein Bedauern darüber aus, dass der Kämmerer nicht schon bei der ersten Gelegenheit „so zarte Sorgfalt" für seinen Herrn gezeigt habe. Ein Meisterstück ironischer Kontraste ist die Gegenüberstellung des Kämmerers und des stumpfen, einfältigen Abdeckers von Döbbeln.
Als besonderes Mittel der Charakterisierung wird die Redeweise benutzt. Das ist am sinnfälligsten beim Junker Wenzel, dessen schwächliche wie brutale Gesinnung aus der abwechselnd herrischen oder sehr gewöhnlichen Ausdrucksweise umso klarer wird, als sie im Gegensatz zu seiner Reaktion, dem Erbleichen oder Verlegenwerden, steht. Auch Herses treuherziges und ehrliches Wesen wird aus dem Verhör ohne weiteres sichtbar. Dabei leuchtet noch ein menschlich feiner Zug, ein echter Humor auf, der sich hier als Ironie gibt, hinter der doch echte Menschlichkeit steht. Herse hat die Tronkenburg nicht in Brand gesteckt, weil er ein Kind darin weinen hörte.
Die direkte Rede wird nicht oft verwendet. Wo sie auftritt, geschieht es immer in künstlerischer Absicht. Das wird am deutlichsten bei den Dialogen, etwa im Gespräch zwischen Kohlhaas und Lisbeth und vor allem in der wörtlich wiedergegebenen Unterredung mit Luther. Eingesprengte Redewendungen sind immer markant hervortretende Stellen. Das ist am sinnfälligsten zu Beginn der Begegnung zwischen Luther und Kohlhaas, da Luther ihm zuruft: „weiche fern hinweg!" (S. 46/22) und „dein Odem ist Pest und deine Nähe Verderben!" (S. 46/24 f.) Andererseits charakterisiert der Dichter die Schwäche, Haltlosigkeit und den Aberglauben des sächsischen Kurfürsten gerade in seiner Redseligkeit, in der Breite, in der er dem Kämmerer die Geschichte des geheimnisvollen Zettels erzählt.

Der ästhetische Wert des Kleist'schen Satzbaues ergibt sich aus dem dramatischen Gehalt der Novelle. Die Sätze sind verschachtelt, oft abgehackt. Die Überfülle der Gedanken, die in einem Satz zusammengefasst werden, gibt dem Geschehen ein äußerst rasches Tempo, sie macht aber auch ein flüchtiges Lesen ganz unmöglich. Man darf hier kein Wort auslassen. Kleists Stil ist voller Eigenwilligkeiten, voller ungewöhnlicher und oft genug im Sinne des strengen Grammatikers kaum noch korrekter Besonderheiten. Aber gerade darin liegt seine einmalige Ausdruckskraft, die niemand außer ihm erreichte. Er hat sich einen ganz persönlichen Stil von äußerst gedrängter Kürze und Genauigkeit erschaffen, der in sich vollendet ist. Man kann kein Wort streichen, ohne den Zusammenhang des Ganzen zu zerstören. Darin aber liegt auch ein einmaliger ästhetischer Wert; es ist eine Sprache, die episch und dramatisch zugleich ist.

Der Gesamteindruck des Werkes bleibt der einer Folge von hoch dramatischen Szenen voll rascher Abwechslung und Lebensfülle.

Abwechslung und Lebensfülle

Dabei oder eigentlich deswegen ist der *Kohlhaas* eine typische Novelle, nicht ein verkürzter Roman, wie man gelegentlich meinte. Alles steht unter dem einen großen Grundgedanken der Gerechtigkeit. Wenn auch seine Kraft gegen Ende – in den umfänglichen Episoden um den Zettel der Zigeunerin – abnimmt, so steht er doch groß und gewaltig wieder über der noch einmal die höchste dramatische Gestaltungskraft zusammenfassenden Schlussszene.

Kleist gilt heute als einer der Begründer der deutschen Novelle.

2.7 Interpretationsansätze

Nach dem Zeugnis Falks hat Goethe über die Erzählung *Michael Kohlhaas* geäußert, dass

> *„ein großer Geist des Widerspruchs dazu gehöre, um einen so einzelnen Fall mit so durchgeführter Hypochondrie im Weltlaufe geltend zu machen. ... Es gebe ein Unschönes in der Natur, ein Beängstigendes, mit dem sich die Dichtkunst bei noch so kunstreicher Behandlung weder befassen noch versöhnen könne."*[12]

Stigma des Abnormen und Krankhaften

Damit wird schon zu Beginn des Erscheinens dieser Erzählung – vonseiten einer so bedeutenden Autorität, wie Goethe es war – das Stigma des Abnormen und Krankhaften aufgedrückt, was dann auch in späteren Interpretationen immer wieder auftaucht. Goethes Deutung des *Kohlhaas* war – ungeachtet der ästhetischen Komponente, die herablassend zugestanden wird – psychologisch-moralisch motiviert, was sich in der Formel vom „pathologischen Kleist"[13] in zahlreichen Interpretationen wiederfindet. Nicht minder zählebig hat sich die Legende vom Romantiker Kleist trotz gelegentlicher Gegenstimmen bis in unser Jahrhundert erwiesen. In äußerster Zuspitzung dieser Deutung hat der ungarische Literaturhistoriker Georg Lukács in seinem Essay „Die Tragödie Heinrich von Kleists" aus dem Jahre 1936 den zum Romantiker erklärten Dichter mit der als reaktionär verstandenen Romantik gleichsam identifiziert, wenn er behauptet, „Kleist repräsentiere in der schroffsten Weise die romantische Opposition,

---

12 Johann Wolfgang von Goethe. Zit. in: *Schriftsteller über Kleist. Eine Dokumentation*. Hrsg. von P. Goldammer. Berlin und Weimar: Aufbau, 1976, S. 17.

13 Vgl. *Kleists Nachruhm*, S. 34 b.

mit allen ihren reaktionären Tendenzen gegen den klassischen Humanismus der Weimarer Periode."[14]

Gegen diese massive Verkennung des Dichters Kleist erheben sich auch Gegenstimmen: Wir zitieren hier als Beispiel Friedrich Wolf (1967), der von Kleist spricht als von einem Dichter, der „den Klassikern weit voraus in unsere Tage eilt" und ihn einen Verwandten von Büchner und einen Märtyrer im Kampf ums Recht nennt[15], wie es bereits auch Rudolf von Ihering 1872 getan hatte.[16]

Immer stärker wird in der neueren Forschung die „Modernität" als Interpretationsaspekt betont, wie wir es z. B. in der Arbeit von Silvio Vietta *Die literarische Moderne* lesen können, wenn er im Untertitel „Eine problemgeschichtliche Darstellung der deutschsprachigen Literatur von Hölderlin bis Thomas Bernhard" Kleist vorbehaltlos in diese Reihe einordnet.

In unserer Zeit tritt noch ein weiterer Interpretationsansatz stärker in Erscheinung, der jedoch mit einer Verengung der Sichtweise auf den medizinisch-pathologischen Bereich verbunden ist: der psychoanalytische Aspekt, wie er z. B. in der Arbeit von Dettmering: *Heinrich von Kleist. Zur Psychodynamik in seiner Dichtung* deutlich wird. Aus dieser Arbeit zitieren wir eine Textstelle, die sich auf die *Kohlhaas*-Erzählung bezieht: „Die Psychodynamik im *Michael Kohlhaas*", um diesen modernen Interpretationsansatz zu verdeutlichen. In der Einleitung seiner Arbeit weist der Autor darauf hin, dass Michael Kohlhaas bisher keine psychoanalytische Interpretation erfahren hat, beruft sich aber auf eine Arbeit von Kohut, in der er Ansatzpunkte findet:

der psychoanalytische Aspekt

---

14 Georg Lukács: *Die Tragödie Heinrich von Kleists*. In: Internationale Literatur, 7. Jahrgang, H. 8. Moskau 1937, S. 105–126.

15 Friedrich Wolf, zit. in: *Schriftsteller über Kleist*, Nr. 687.

16 Rudolf von Ihering: *Der Kampf ums Recht*. 4. Aufl. Wien 1872. Zit. in: H. v. Kleists Nachruhm. München 1977, Nr. 677.

„Nach der klassischen psychiatrischen Nomenklatur leidet Kohlhaas an einer Paranoia querolatoria und wird auch in diesem Sinne wiederholt in den Lehrbüchern zitiert. Auch ganz abgesehen, ob es methodisch zulässig ist, einer erdichteten Figur eine Diagnose anzuhängen, gibt es in diesem Falle zwei Faktoren, die von der Übernahme der Diagnose abhalten: Erstens ist das Unrecht, das Kohlhaas zustößt, real und tief in den sozialen Missständen verwurzelt, so dass wir, wenn wir uns hier auf die psychologischen Vorgänge beschränken, genau genommen ein Artefakt schaffen, – zweitens ist die Abhängigkeit von Situativen – z. B. in der Begegnung mit Luther – zu stark, dass es sich schlecht mit der Annahme eines starren, eigengesetzlichen Krankenbildes verträgt. Uns liegt der Gedanke näher, Kohlhaas als melancholische narzisstische Störung im Sinne Kohuts einzuordnen und in dem rasch wieder abklingenden Größenwahn die Sonderfunktion einer Trauerreaktion (etwa nach Art einer durch Verlust ausgelösten Manie) zu sehen."[17]

17 Peter Dettmering: *Die Psychodynamik in Kleists Dichtung*. Darin: Die Psychodynamik in *Michael Kohlhaas*. sammlung dialog. München: Nymphenburger Verlagsbuchhandlung, 1975, S. 116.

3. Themen und Aufgaben

Die Lösungstipps beziehen sich auf die Seiten der vorliegenden Erläuterung.

1. Was sagt die Veränderung der historischen Gegebenheit der Kohlhaas-Gestalt im Rahmen der Kleist-Novelle über die Intention des Autors aus?

Lösungstipp s. S. 25 ff./81

2. Ludwig Büttner überschreibt seine Kleist-Studie mit der Frage: *„Michael Kohlhaas – eine paranoische (geistesgestört-verwirrte) oder heroische Gestalt?"* (In: Seminar, A. Journal of Germanic Studies IV. 1968, S. 26–39). Wie würden Sie diese Frage beantworten?

3. Nehmen Sie Stellung zu der Äußerung von J. Collin: „Was geht uns eigentlich der Gerechtigkeitsbegriff in Kleists *Kohlhaas* noch an?" (In: Acta Germanica. Jahrbuch des Südafrikanischen Germanistenverbandes. Bd. 8. 1976, S. 39, Fußnote 5).

4. Diskutieren Sie – im Hinblick auf die *Kohlhaas*-Novelle – folgenden Sachverhalt: Richard Matthias Müller hält es für eine entscheidende Frage an den Leser, ob er wünschen soll, Kohlhaas hätte seine herabgewirtschafteten Pferde stillschweigend wieder nach Hause geholt und dem triumphierenden Unrecht der Behörden seinen Lauf gelassen (vgl. Richard Matthias Müller: *Kleists „Michael Kohlhaas"*. In: Deutsche Vierteljahresschrift f. Literaturwissenschaft u. Geistesgeschichte 44. 1970, S. 101–199). Nehmen Sie zur Beantwortung der Frage Bezug auf die Stelle der Erzählung, die sich auf Kohlhaas' Besuch bei Luther bezieht, wo es heißt:

   „Luther: Doch hättest du nicht, alles wohl erwogen, besser getan, du hättest, um deines Erlösers willen, dem Junker vergeben, die Rappen, dürre und abgehärmt, wie sie waren, bei der Hand genommen, dich aufgesetzt, und zur Dickfütterung in deinen Stall nach Kohlhaasenbrück heimgeritten? – Kohlhaas antwortete: kann sein! indem er ans Fenster trat: kann sein, auch nicht!" (S. 49/13–19)

5. Gibt es Gemeinsamkeiten zwischen Kleists *Kohlhaas* und dem modernen Terrorismus? (vgl. dazu Horst Sendler: *Michael Kohlhaas gestern und heute*. Berlin/New York: de Gruyter, 1985)
Wie würden Sie entscheiden?

6. Es ließe sich abschließend zur Diskussion – bei aller Verschiedenheit der literarischen Gattung und dichterischen Intention – im Hinblick auf den Aspekt des „Selbsthelfers" im Bereich des Rechts Schillers frühes Drama *Die Räuber* vergleichend heranziehen.

Lösungshilfe zu 1)

Der historische Kohlhase trug den Vornamen Hans, nicht Michael – eine bezeichnende, vom Autor wohl überlegte Namensänderung. Er starb nicht in Ehren wie der Kleist'sche Kohlhaas, der durch das Schwert gerichtet wurde, sondern wurde schimpflich auf's Rad geflochten. Dagegen erfuhr die Gestalt in der Erzählung eine Art Apotheose, indem das Recht schließlich in geradezu wunderbarer Weise auf der ganzen Linie gesiegt hatte, während das Unrecht überall bestraft wurde.

4. Rezeptionsgeschichte

Die bis heute andauernde Aktualität des *Michael Kohlhaas* trägt dazu bei, in der Betrachtung dieser Dichtung die historische Distanz zu überwinden. Ein Überblick über die Rezeptionsgeschichte der Erzählung vermittelt den Eindruck, dass kein Prosawerk Kleists eine solche Verbreitung gefunden hat wie diese Novelle: Sie wurde nicht nur in die zahlreichen deutschen Kleistausgaben, die seit Tiecks erster Gesamtausgabe (1826) erschienen sind, aufgenommen, sie wurde auch in über hundert deutschsprachigen Einzelausgaben veröffentlicht. Die Beliebtheit der Erzählung blieb keineswegs nur auf den deutschen Sprachraum beschränkt. Das Werk wurde in über dreißig Sprachen übersetzt und fand vor allem in Frankreich große Resonanz.

Beliebtheit der Erzählung

Die starke Wirkung der Kohlhaas-Gestalt führte auch in gewissen Zeiten dazu – geleitet von außer-ästhetischen Aspekten – diese Kleist'sche Figur ideologisch zu vermarkten. Schon in der wilhelminischen Ära hatte man sich ihrer in dieser Weise bemächtigt: die Nationalisten Treitschke und Julius Hart werteten die Erzählung für die Tendenzen ihrer Zeit aus. Julius Hart sah sie als Veranschaulichung der These: „Alles Recht ist nur ein Kriegsrecht."[18] Kleists Kohlhaas wurde so zu einem echt preußischen Helden stilisiert. Im Dritten Reich wurde in ähnlicher Tendenz die Figur des Kohlhaas immer wieder als Verkörperung „deutschen Rechtsgefühls" hingestellt.[19]
Erwähnenswert ist auch in diesem Zusammenhang, dass in den zwanziger Jahren des vergangenen Jahrhunderts die deutsche Linke anfing, *Michael Kohlhaas* für sich zu entdecken. In der „Roten

die deutsche Linke

18 Julius Hart: *Das Kleistbuch*. Berlin 1912, S. 322.

19 vgl. *SS Leithefte*. Guben: SS-Druckschriften-Versand, 1944, Folge 6 b, S. 7–191.

Fahne" (16. 10. 1927) bezeichnete Wilhelm Herzog Kleist als Revolutionär: „In dieser gewaltigen Novelle vom Rossschlächter Kohlhaas, die ihresgleichen nicht hat in der Literatur aller Zeiten und Völker, hat er [Kleist] an einem mächtigen Beispiel seine bittere revolutionäre Dialektik gestaltet."[20]
Diese Tendenz außer-ästhetischer Beurteilung wurde nach dem Zweiten Weltkrieg wiederum aufgenommen. In einem seiner Dialoge *Über Deutschland* bezeichnete Richard Müller Kleists *Kohlhaas* als einen „aufrechten Bürger" und „deutschen Märtyrer" und stellte ihn der zeitgenössischen Studentengeneration als Vorbild hin, das als Anleitung zu politischem Handeln dienen könnte.[21]
Noch in anderer Weise - auch außerhalb des literarischen Bereiches - haben wir Zeugnisse für die starke Wirkung dieser Figur. *Michael Kohlhaas* ist geradezu zu einem „Mythos der Alltagssprache" geworden. „Unter den Mythen des Alltags stellt Kohlhaas den Archetypus des Bürgers im Kampf um das Recht dar, das ihm die Institutionen der Gesellschaft verweigern."[22]
Jedoch schließt die so gekennzeichnete Popularität der Erzählung es nicht aus, dass sich ihre Rezeption im literarischen Bereich schon seit Beginn ihres Erscheinens immer wieder zwischen Akzeptanz und Widerspruch bewegt. Daran ist zweifellos die folgenschwere Ablehnung Goethes zu Anfang des 19. Jahrhunderts nicht unschuldig: Es ist seine Äußerung von einer „gründlichen Hypochondrie im Weltlaufe", die der Erzählung jene Züge des Pathologischen und Abnormen attestiert, die für lange Zeit das Bild des Kohlhaas bestimmt haben. Neben Goethe sind allerdings von anderen zeitgenössischen

20 Wilhelm Herzog: *Michael Kohlhaas*. In: „Rote Fahne" (16. 10. 1927). Zit. in: *Kleists Nachruhm*, Nr. 464 a.
21 Richard-Matthäus Müller: *Über Deutschland*. Freiburg i. Br. 1965, S. 141–149.
22 Klaus-Michael Bogdal: *Heinrich von Kleist. Michael Kohlhaas*. München 1981, S. 7.

positive Reaktionen der Romantiker

Dichtern – besonders aus dem romantischen Kreis – positive Reaktionen überliefert. Deutliche Anerkennung spricht aus den Beurteilungen von Achim von Arnim, Wilhelm Grimm und Friedrich de la Motte-Fouqué. Es ist bemerkenswert, dass die Brüder Grimm – im Gegensatz zu Goethe – die deutsche Manier der Kleist'schen Diktion gegenüber den italienischen und spanischen Vorbildern hervorheben. Insgesamt überwiegen aber im 19. Jahrhundert, das der Kleist-Rezeption im Ganzen nicht günstig war, die kritischen Stimmen.
Wir zitieren als ein Beispiel u. a. Theodor Fontane, der die zweite Hälfte der Erzählung so stark kritisierte, dass sie in seinen Augen „zu etwas Unbedeutendem" herabsank, wobei vor allem auch die magischen Vorgänge um die Zigeunerin seine Missbilligung erregten.[23]
Positiver ist die Wirkung dieser Erzählung auf die Dichter des 20. Jahrhunderts. Wir nennen hier unter anderen Frank Wedekind, Rainer Maria Rilke, Thomas Mann – vor allem aber bereits zu Beginn des Jahrhunderts Franz Kafka, der von der Erzählung *Michael Kohlhaas* sagte, dass er sie mit „wirklicher Gottesfurcht" lese.[24] Kafka war nicht nur ein Bewunderer von Kleist, sondern in seiner eigenen formstrengen Prosa nachweislich von ihm beeinflusst. Wir zitieren hier zur weiteren Frage ästhetischer Rangordnung ein Wort eines Berufenen, – das Urteil Thomas Manns im Hinblick auf die Erzählung *Michael Kohlhaas*: er spricht von der „gewaltigen Prominenz dieser vielleicht stärksten Erzählung deutscher Sprache."[25]

23 Theodor Fontane: *Aufzeichnungen zur Literatur. Ungedrucktes und Unbekanntes*. Berlin: Aufbau, 1969, S. 47.
24 Vgl. Franz Kafka. In: *Schriftsteller über Kleist*, S. 569.
25 Vgl. Thomas Mann. In: *Schriftsteller über Kleist*, S. 507.

Im Hinblick auf die fraglose Anerkennung des *Kohlhaas* im Bereich der literarischen Forschung besteht heute kein Zweifel mehr.

Produktive Rezeptionen von Kleists *Michael Kohlhaas*

Kleists *Kohlhaas*-Novelle hat nicht nur zu positiver bzw. negativer Kritik angeregt, sie hat auch zeitgenössischen und modernen Autoren Anlass und Motivation zu eigenen Produktionen gegeben. Wir beschäftigen uns hier in einem kurzen Überblick nur mit einigen Beispielen aus dem Schrifttum des letzten Jahrhunderts und weisen im Hinblick auf frühere Produktionen auf die Arbeit von Fischer-Lichte hin.[26]
Wir übergehen hier die zahllosen Dramatisierungen des Stoffes in der ersten Hälfte des 20. Jahrhunderts, die geschrieben und vergessen worden sind und lediglich als Beispiele dafür gelten mögen, wie suggestiv der Stoff und auch zweifellos die Gestaltung Kleists bis in unsere Zeit hinein geblieben ist. Tagespolitischen Bezug gewinnt der Stoff mit Volker Schlöndorffs Verfilmung der Erzählung „Kohlhaas, der Rebell" (1969), in der Wittenberg und die Studentenrevolte gleichgesetzt werden, weil – nach Auffassung Schlöndorffs – „die Geschichte sich in den gleichen Mechanismen vollzieht, wie sie auch unsere Gegenwart regieren".[27] Ebenso betont der Schriftsteller der ehemaligen DDR, Christoph Hein, diesen zeitgenössischen Bezug, indem er in seinem Prosastück *Der neuere (glücklichere) Kohlhaas. Bericht über einen Rechtshandel aus den Jahren 1972/73* (1980) eine Adaption der Kleist'schen Novelle in der Gegen-

Volker Schlöndorffs Verfilmung

26 Erika Fischer-Lichte: *Heinrich von Kleist: Michael Kohlhaas. Grundlagen und Gedanken zum Verständnis erzählender Literatur.* Frankfurt a. M. 1991, S. 69–90.

27 Vgl. Volker Schlöndorff. Zit. nach: Columbia Information. Hrsg. von der Zentralen Presse- und Werbeabteilung der Columbia Filmgesellschaft. München o. J.

wart ansiedelt. Interessant in diesem Zusammenhang ist der 1979 erschienene Roman *Michael Kohlhaas* von Elisabeth Plessen, die das Schicksal des historischen Kohlhaas im Sinne gegenwärtiger Aspekte aufbereitet und verfremdet, wobei bei ihr der historische Kleist den Stellenwert eines „sympathischen Terroristen" gewinnt, der in seinem Sozialempfinden seiner Zeit weit voraus gewesen sei.[28] Hingewiesen sei auch auf die Ballade *Hans Kohlhaas* von Paul Wiens, die unten in „5. Materialien" wiedergegeben ist.
Erwähnenswert ist u. a. die kreative Wirkung der *Kohlhaas*-Erzählung im internationalen Bereich. Der amerikanische Romanschriftsteller Edgar Lawrence Doctorow hat ähnlich wie in den oben erwähnten Beispielen eine Aktualisierung der Erzählung versucht. In seinem Roman *Ragtime* (1975) wird sie im Hinblick auf die amerikanische Bürgerrechtsbewegung adaptiert.[29]

28 Vgl. Robert F. Helbing: *Kohlhaas. Metamorphosen*. In: Sprache und Literatur. Festschrift für Arval L. Streabeek zum 65. Geburtstag. 1981, S. 72.

29 Vgl.: Erika Fischer-Lichte, S. 88.

5. Materialien

Wir zitieren hier – zur Beleuchtung des Zentralproblems des *Michael Kohlhaas* – einen zeitgeschichtlichen Text: Luthers Stellungnahme zu Aufruhr und Empörung.[30]

Martin Luther: *Eine treue Vermahnung zu allen Christen, sich zu hüten vor Aufruhr und Empörung*

„... zum andern, ob's gleich möglich wäre, dass ein Aufruhr würde, und Gott sie so gnädiglich sollte strafen, so ist doch die Weise kein Nutzen, bringt auch nimmermehr die Besserung, die man damit sucht. Denn Aufruhr hat keine Vernunft und geht gemeiniglich mehr über die Unschuldigen denn über die Schuldigen. Darum ist auch kein Aufruhr recht, wie rechte Sache er immer haben mag und folgt allezeit mehr Schaden denn Besserung daraus, damit erfüllt wird das Sprichwort: aus Übel wird Ärgeres. Deshalben ist die Obrigkeit und das Schwert eingesetzt, zu strafen die Bösen und zu schützen die Frommen, dass Aufruhr verhütet werde, wie St. Paulus sagt Röm. 13, 1 ff. und Petrus 2, 13 f. Aber wenn Herr ‚Omnes' aufsteht, der vermag solch Unterscheiden der Bösen und Frommen weder zu treffen noch zu halten, schlägt in den Haufen, wo er trifft, und es kann nicht ohne großes grauliches Unrecht geschehen. Darum habe Acht auf die Obrigkeit. Solange die nicht zugreift und befiehlt, so halte du stille mit Hand, Mund und Herz und nimm dich nichts an. Kannst du aber die Obrigkeit bewegen, dass sie eingreife und befehle, so magst du es tun. Will sie nicht, so sollst du auch nicht wollen. Fährst du aber fort, so bist du schon ungerecht und viel ärger denn der andere Teil. Ich halte und wills allezeit halten mit dem Teil, der Aufruhr leidet, wie ungerechte

30 Martin Luther: *Eine treue Vermahnung zu allen Christen, sich zu hüten vor Aufruhr und Empörung.* Aus: Ausgewählte Werke. Bd. 4. Reformatorische und politische Schriften. München 1923, S. 8.

Sache er immer habe und widersein dem Teil, der Aufruhr macht, wie rechte Sache er immer habe: darum dass Aufruhr nicht ohne unschuldiges Blut oder Schaden gehen kann.
Zum dritten, so ist Aufruhr von Gott verboten, da er sagt (5. Mos. 16, 20): ‚Quod iustum est, iuste exequaris', ‚was recht ist, sollst du mit Recht ausführen.' Item 5. Mos. 32, 35: ‚Die Rache ist mein, Ich will sie widergelten'. Daher kommt das wahre Sprichwort ‚Wer widerschlägt, der ist ungerecht.' Item: ‚Niemand kann sein eigener Richter sein.' Nun ist Aufruhr nichts anderes als selber rächen."

Der historische Kohlhaas: Kohlhaas im Lexikon

„Kohlhaas (Michael), ein Rosskamm aus der Altmark, geb. 1521, da er wegen ungerechter Behandlung kein Recht zu finden vermochte, sich dasselbe selbst verschaffte, freilich aber nun weiterging, als es recht war. Als er einst mit seinen Pferden auf die Leipziger Messe ziehen wollte, wurde er von den Leuten des Junkers von Tronka wegen Mangels an Ausweis aufgehalten, nach der Tronkenburg gebracht und hier durch den Junker und dessen Genossen ohne alles Gehör genötigt, zwei seiner schönen Pferde nebst einem Knecht zurückzulassen. Dies hätte nun weiter nichts zu bedeuten gehabt; allein der Junker ließ die Pferde zu den schweren Arbeiten gebrauchen und halb verhungern, den Knecht aber zum Tor hinauswerfen. ... Der Stoff wurde mehrfach poetisch bearbeitet, unter andern auch von Kleist und von Maltitz."[31]

Der Verfasser dieses Lexikon-Artikels hatte offensichtlich den Eindruck, Kleists Novelle erzähle die historische Geschichte nach; so verwendet er statt der historischen (Hans Kohlhase, Junker von Zaschwitz) die von Kleist gewählten fiktiven Namen und erzählt die Handlung nach, wie sie Kleist formuliert hat, und nicht, wie sie historisch belegt ist.

31 *Conversations-Lexikon*. Leipzig: Brockhaus, [31]1853, zit. in: Kleists Nachruhm, S. 645.

Schriftsteller über Kleist

Am Anfang steht Goethes folgenschwere Kritik des *Kohlhaas*, die er 1810 geäußert und über die Falk berichtet hat:

„... auch in seinem ‚Kohlhaas', artig erzählt und geistreich zusammengestellt, wie es sei, komme doch alles gar zu ungefügig. Es gehöre ein großer Geist durchgeführter, gründlicher Hypochondrie im Weltlaufe geltend zu machen, mit dem sich die Dichtkunst noch so kunstreicher Behandlung weder befassen noch aussöhnen könne."[32]

In Hebbels Versen, Kleist gewidmet und auf seinem Grab in Wannsee bei Berlin in Stein gemeißelt, erkennt ein kongenialer Geist posthum den hohen Rang dieser tragischen dichterischen Existenz.

Friedrich Hebbel: *Gedichte*. Hamburg 1842.

Kleist

Er war ein Dichter und ein Mann, wie einer,
Er brauchte selbst dem Höchsten nicht zu weichen,
An Kraft sind wenige ihm zu vergleichen,
An unerhörtem Unglück, glaub ich, keiner.

Er stieg empor, die Welt ward klein und kleiner,
Und auf der Höhe, die wir nicht durch Schleichen,
Die wir nur fliegend, oder nie erreichen,
Ward über ihm der Äther immer reiner.

Doch als er nun die Welt nicht mehr erblickte,
Da hatte sie ihn längst nicht mehr gesehen
Und frech ihm selbst das Dasein abgesprochen.

32 Johann Wolfgang von Goethe. In: *Schriftsteller über Kleist*, S. 17.

Nun musst er darben, wie er einst erstickte,
Ihm blieb nichts übrig, als zurück zu gehen,
Doch lieber hat er seine Form zerbrochen.

[Hamburg, 6. September 1841][33]

Ähnlich stark beeindruckt von Heinrich von Kleist zeigen sich u. a. Kafka, Rilke und Thomas Mann in folgenden Texten:

Franz Kafka: *Tagebücher*. Prag, 11. Dez. 1913

„In der Toynbeehalle [Volksbildungswerk in Prag] den Anfang von ‚Michael Kohlhaas' gelesen. Ganz und gar misslungen. Schlecht ausgewählt, schlecht vorgetragen, schließlich sinnlos im Text herumgeschwommen. Musterhafte Zuhörerschaft. ... Wild und schlecht und unvorsichtig und unverständlich gelesen. Und am Nachmittag zitterte ich schon vor Begierde zu lesen, konnte kaum den Mund geschlossen halten."[34]

Max Brod: *Autobiografie* (1960)

„Dagegen hat er [Kafka] im privaten Kreis der Freunde oft und wundervoll aus seinen eigenen Werken, besonders gern auch Kleists ‚Michael Kohlhaas' und die ‚Anekdote aus dem letzten preußischen Kriege' vorgetragen. ... Kafkas Vorlesungen waren immer feurig, in großartigem Aufbau der Perioden, im langen Atem hinreißend. Er liebte es auch, seinen Schwestern vorzulesen und ihre Bewunderung zu genießen. Auch bei den Eltern von Felix Weltsch ging er öfters, um dem alten, kunstsinnigen Ehepaar Abschnitt für Abschnitt sein Lieblingswerk ‚Michael Kohlhaas' zu

33 Zit. in: *Kleists Nachruhm*, S. 262.
34 Ebd., S. 392 f.

Gehör zu bringen, und freute sich sehr an seiner Rezitation und Wirkung."[35]

Rainer Maria Rilke: *Verse und Prosa aus dem Nachlass* (1929)

An Heinrich von Kleists
wintereinsamem Waldgrab in Wannsee

Wir sind keiner klarer oder blinder,
wir sind alle Suchende, du weißt, –
und so wurdest du vielleicht der Finder,
ungeduldiger und dunkler Kleist.

Eng und ängstlich waren deine Tage,
bis dein Weh den letzten wild zerriss –
und wir alle klagten deine Klage,
und wir fühlten deine Finsternis.

Und wir standen oft an tiefen Teichen,
denen schon das Nachten nahe war,
und wir nahmen Abschied von den Eichen
und wir kamen unsern Bräuten reichen
letzte Rosen aus dem letzten Jahr.

Aber zagend aus dem Rand der Zeit
lernten wir die leisen Laute lieben,
und wir sind im Leben lauschen blieben
still und tief und jung von jungen Trieben
und da wurden uns die Wurzeln breit.

[14. Januar 1898][36]

---

35 Ebd., S. 398.
36 Ebd., S. 342.

Thomas Mann: *H. v. Kleist und seine Erzählungen*. Vortrag. Zürich, 30. Nov. 1954

„Er war einer der größten, kühnsten, höchstergreifenden Dichter deutscher Sprache, ein Dramatiker sondergleichen, – Oberhaupt sondergleichen auch als Prosaist, als Erzähler, – völlig einmalig, aus aller Hergebrachtheit und Ordnung fallend, radikal in der Hingabe an seine radikalen Stoffe bis zur Tollheit, bis zur Hysterie, – allerdings tief unglücklich, mit Ansprüchen, die ihn zermürbten, um das Unmögliche ringend, von psychogenen Krankheiten niedergeworfen und zu frühem Tode bestimmt: nur fünfunddreißig Jahre wurde er alt, da tötete er sich … müde seiner Unvollkommenheit, aus metaphysischer Sehnsucht, das Bruchstückhafte seiner Individuation ins All zu werfen, damit es vielleicht eine höhere Vollkommenheit daraus schaffe."[37]

Paul Wiens: *Ballade vom Hans Kohlhas* (1952)

Der ehrliche rosskamm Hans Kohlhas
ritt im herbst nach Leipzig zur mess.
In Wellaun stand der junker von Zaschwitz,
der machte kurzen prozess!
– Zwei schöne pferde, zwei fette happen!
Her mit dem rotschimmel, her mit dem rappen!
– Ich werde prozessieren.
– Und deinen kopf verlieren!
– Berliner bin ich, nicht dein knecht.
– Bah, bürger, hier herrscht junkerrecht!
Geh hin und schreis nur durch die gassen!
– Der gerechte ist niemals verlassen.

---

37 Ebd., S. 470 f.

Der ehrliche rosskamm Hans Kohlhas
zog zwei jahr von gericht zu gericht.
Er gab hin seine ganze habe,
seine pferde bekam er nicht.
– Du bist allein, der richter sind viele,
und alles herrn! Du kommst nicht zum ziele ...
– Das volk steht mir zur seite.
– Lass ab, lass ab vom streite,
du kennst die macht der herren schlecht.
– So hol ich selber mir mein recht.
Das schwert sei fortan meine rede:
Ich sag den herren fehde!

Der ehrliche rosskamm Hans Kohlhas
und Nagelschmidt, sein gesell,
die gerbten den Zaschwitz und andern
das eiserne junkerfell.
Das für den roten und das für den rappen!
Das für den ritter und das für den knappen!
– Zu hilfe! Wehrt den hunden!
– Ach, herr, sie sind verschwunden,
als wär die nacht ihr kampfgenoss ...
Der stall ist leer, verbrannt das schloss!
Doch hört, was gellt durch ferne gassen?
Der gerechte ist niemals verlassen!

Der ehrlich rosskamm Hans Kohlhas
klopft zu Wittenberg nachts an ein tor.
Beim roten flackern der fackeln
schaut Martin Luther hervor:
– Bist du Hans Kohlhas, der wilde mann?
– Ich bins, Martinus, ich ruf dich an,

mit stadtvolk und landvolk zu reiten,
gegen die unbill zu streiten!
– Du träumst! Ich mahn dich: hab geduld
mit gottes huld und herrenschuld ...
– Und wär der weg auch noch so weit,
das volk holt sich Gerechtigkeit!
– Ich bleib. Ihr habt mein deutsches wort
als eure waffe, euren hort
im lieben wie im hassen:
der gerechte ist niemals verlassen.

Der ehrliche rosskamm Hans Kohlhas
und seine verschworene schar
fanden im Spreewald knecht Jochen,
der vom henker geschunden war:
Gib acht, Hans Kohlhas, die herren fluchen,
sie sandten reisige, dich zu suchen.
du schliefst in unsern katen,
wir sollten dich verraten.
Wir schwiegen. Sieh, was man uns tat!
– die bösen säen böse saat ...
– Zahls heim! Dich sollen sie nicht fassen!
Der gerechte ist niemals verlassen.

Der ehrliche rosskamm Hans Kohlhas
hat fünf jahre lang die herrn bekriegt.
Doch durch list und lüge gefangen,
der gerechte in Fesseln liegt.
– Ach, Nagelschmidt, mein freund, mein geselle,
wie waren wir trotzig, wie waren wir helle! ...
Nun ist die sach verloren! ...
– Schweig, Hans, du bist erkoren,

noch einmal in der letzten stund
zu reden mit des volkes mund:
Nach hundert toden, tausend nächten
der letzte sieg wird den gerechten!

Der ehrliche rosskamm Hans Kohlhas
ward palmarum aufs rad gespannt.
Auf dem richtplatz, der Weberwiese,
viel stadtvolk versammelt stand.
– was steht ihr, berliner?
– Durchbrecht die reihen!
– Schlagt die büttel, den Hans zu befreien!
– Zu viele lanzen starren!
– Zu viele schweigen und harren …
– Sohn, vergiss den Hans Kohlhas nicht!
– Mutter, es leuchtet auf seinem gesicht!
– Brüder, er spricht!
– Still! Könnt ihrs fassen?
– Der gerechte ist niemals verlassen.

Sie konnten Hans Kohlhas wohl richten,
vom folterrad rann sein Blut in den sand …
Doch aufs eherne rad der Geschichte
sind herren und henker selber gespannt.
Das volk wurde mächtig im lieben und hassen.
Der gerechte ist niemals verlassen.[38]

38 Aus: *Schriftsteller über Kleist*, S. 576–578.

Literatur

Textausgaben und Dokumente

Heinrich von Kleist: *Michael Kohlhaas*. Stuttgart: Reclam, 2002 (= UB 218).
(Nach dieser Ausgabe wird zitiert.)
Sembdner, Helmut (Hrsg.): *Heinrich von Kleist. Sämtliche Werke und Briefe*. 2 Bände. München [6]1977.

Michael Kohlhaas als Hörbuch

Michael Kohlhaas: aus einer alten Chronik. Sprecher: Reiner Unglaub. Beltershausen: Verlag und Studio für Hörbuchproduktionen, 1996. 4 Kassetten.

Quellen und Zeugnisse

Schöttgen, Christian; Kreysig, George Christoph: *Diplomatische und curieuse Nachlese der Historie von Ober-Sachsen und angrentzenden Ländern*. Erste Ausgabe. Theil 1–12 (in 3 Bdn.). Dresden und Leipzig: Hekels. Theil 3: 1731, S. 361-550. Enthält: *Nachricht von Hans Kohlhasen / einem Befehder derer Chur-Saechsischen Lande. Aus Petri Haftitii geschriebener Märkischen Chronic* (*Microchronologicum*), S. 528–541.

Goldammer, Peter (Hrsg.): *Schriftsteller über Kleist. Eine Dokumentation*. Berlin und Weimar: Aufbau, 1976.
Hohoff, Curt (Hrsg.): *Heinrich von Kleist in Selbstzeugnissen und Bilddokumenten*. Reinbek b. Hamburg: Rowohlt, 2002.

Sembdner, Helmut (Hrsg.): *Heinrich von Kleist. Geschichte meiner Seele. Das Lebenszeugnis der Briefe.* Bremen 1959. – Taschenbuchausgabe Frankfurt a. M. 1977.
Sembdner, Helmut (Hrsg.): *Heinrich von Kleists Nachruhm. Eine Wirkungsgeschichte in Dokumenten.* München: dtv, 1977.
Sembdner, Helmut (Hrsg.): *Heinrich von Kleists Lebensspuren. Dokumente und Berichte der Zeitgenossen.* Bremen 1957. – Erweiterte Neuausgabe Frankfurt a. M.: Insel, 1977.

Sekundärliteratur

Apel, Friedmar (Hrsg.): *Kleists Kohlhaas: ein deutscher Traum vom Recht auf Mordbrennerei.* Berlin: Wagenbach, 1987.
Bloch, Ernst: *Über Rechtsleidenschaft innerhalb des positiven Gesetzes.* In: Naturrecht und menschliche Würde. Frankfurt a. M.: Suhrkamp, 1972.
Blöcker, Günter: *Heinrich von Kleist oder Das absolute Ich.* Frankfurt a. M.: Fischer, 1977.
Bogdal, Klaus-Michael: *Heinrich von Kleist: ‚Michael Kohlhaas'.* München 1981.
Büttner, Ludwig: „Michael Kohlhaas – paranoische oder heroische Gestalt?" In: *Seminar 4*, 1968, S. 26–41.
Dettmering, Peter: *Heinrich von Kleist. Zur Psychodynamik in seiner Dichtung.* sammlung dialog. München: Nymphenburger Verlagsbuchhandlung, 1975 (darin: *Die Psychodynamik in ‚Michael Kohlhaas'*).
Fink, Adolf: „Michael Kohlhaas – ein noch anhängiger Prozess". In: *Rechtsgeschichte als Kulturgeschichte.* Festschrift für A. Erler zum 70. Geburtstag. 1976, S. 37–56.
Fischer-Lichte, Erika: *Heinrich von Kleist: ‚Michael Kohlhaas'.* Frankfurt a. M. 1991.

Fricke, Gerhard: *Gefühl und Schicksal bei Heinrich von Kleist*. Göttingen 1929.

Gallas, Helga: *Das Textbegehren des Michael Kohlhaas. Die Sprache des Unbewussten und der Sinn der Literatur*. Reinbek 1981.

Gräff, Thomas: *Michael Kohlhaas*. 2. Auflage. Stuttgart: Klett, 1991.

Grathoff, Dirk: *Heinrich von Kleist und Napoleon*. Frankfurt a. M. 1990.

Hamacher, Bernd: *Heinrich von Kleist, Michael Kohlhaas*. Stuttgart: Reclam, 2003 (Erläuterungen und Dokumente).

Hamacher, Bernd: *Schrift, Recht und Moral: Kontroversen um Kleists Erzählen anhand der Forschung zu ‚Michael Kohlhaas'*. In: Kording, I. und Knittel, A. P. (Hrsg.): Heinrich von Kleist: Neue Wege der Forschung. Darmstadt: Wissenschaftiche Buchgesellschaft, 2003. S. 254–278.

Helbing, Robert F.: „‚Kohlhaas'. Metamorphosen". In: *Sprache und Literatur*. Festschrift für Arval L. Streabeek zum 65. Geburtstag. 1981, S. 72.

Kording, Inka und Knittel, Anton Phillip (Hrsg.): *Heinrich von Kleist: Neue Wege der Forschung*. Darmstadt: Wissenschaftiche Buchgesellschaft, 2003.

Kreutzer, Hans-Joachim: *Die dichterische Entwicklung Heinrich von Kleists*. Berlin: Erich Schmidt, 1968.

Lukács, Georg: „Die Tragödie Heinrich von Kleists". In: *Internationale Literatur*. 7. Jahrgang. H. 8. Moskau 1937, S. 105–26.

Müller-Seidel, Walter (Hrsg.): *Kleists Aktualität. Neue Aufsätze und Essays 1966–1978*. Darmstadt: Wissenschaftliche Buchgesellschaft, 1981.

Neheimer, Kurt: *Der Mann, der Michael Kohlhaas wurde. Ein historischer Bericht*. Düsseldorf/Köln 1971.

Neumann, Gerhard (Hrsg.): *Heinrich von Kleist. Kriegsfall – Rechtsfall – Sündenfall?* Freiburg i. Br. 1994.

Ringacker, Heidelinde: *Vom Recht getreten: eine Analogie zu Michael Kohlhaas in heutiger Zeit*. Eitorf: Pfiff-Verlag, 1989.

Skrotzki, Ditmar: *Ist Kleists Erzählung vom Kohlhaas wirklich die Geschichte vom Rebellen Kohlhaas?* Heilbronn: Stadtbücherei, 1993.

Stephens, Anthony: *Verzerrungen im Spiegel. Das Narziss-Motiv bei Heinrich von Kleist*. In: Neumann, Gerhard (Hrsg.): Heinrich von Kleist. Freiburg i. Br. 1994, S. 249 ff.

Wächter, Karl: *Kleists Michael Kohlhaas. Ein Beitrag zu seiner Entstehungsgeschichte.* Nachdruck der Ausgabe Weimar 1918. Hildesheim: Gerstenberg, 1978.

Wiese, Benno von: *Michael Kohlhaas*. In: Wiese, Benno von: Die deutsche Novelle von Goethe bis Kafka: Interpretationen. Düsseldorf: Bagel, 1957, S. 47–63.

Vietta, Silvio: *Die literarische Moderne. Eine problemgeschichtliche Darstellung der deutschsprachigen Literatur von Hölderlin bis Thomas Bernhard*. Stuttgart: Metzler, 1992.

Materialien aus dem Internet

http://www.kleist.org/
(Kleist-Archiv Sembdner der Stadt Heilbronn. Spezialsammlung zu Heinrich von Kleist)

http://www.uni-koeln.de/kleist/
(Site der Heinrich-von-Kleist-Gesellschaft Köln)

Bitte melden Sie dem Verlag "tote" Links!

Verfilmungen

Michael Kohlhaas. BRD (Verfilmung für das Fernsehen/ARD) 1969.
Regie und Drehbuch: Wolf Vollmar.

Michael Kohlhaas, der Rebell. BRD (Kinofilm) 1969.
Regie: Volker Schlöndorff.
Drehbuch: Edward Bond, Clement Biddle, Volker Schlöndorff.